U0646828

高职高专经管类专业精品教材系列

会计理论与实务

张永涛 赵宝田 主 编 许纯榕 副主编

清华大学出版社
北京

内 容 简 介

本书根据高职高专会计相关专业学生将来在工作岗位上的能力需要及他们的认知规律等编写而成,主要讲述了会计的基本原理、会计凭证、会计账簿,以及会计实务中经常遇到的账务处理。本书与以往的会计学教材相比,具有显著的特点:一是主要讲述会计工作中经常用到的知识,而非面面俱到;二是理论讲解之后,紧跟实务操作案例,学生可以进行模拟练习。

本书可用作高职高专院校会计电算化、市场营销、工商企业管理、经济管理、金融学等专业的会计学课程教材,也适用于会计新手、在职会计人员、企业经营管理者、企业培训及咨询人员阅读和使用。

本书封面贴有清华大学出版社防伪标签,无标签者不得销售。
版权所有,侵权必究。侵权举报电话:010-62782989　13701121933

图书在版编目(CIP)数据

会计理论与实务/张永涛,赵宝田主编. --北京:清华大学出版社,2016
高职高专经管类专业精品教材系列
ISBN 978-7-302-42891-6

Ⅰ. ①会… Ⅱ. ①张… ②赵… Ⅲ. ①会计学-高等职业教育-教材 Ⅳ. ①F230

中国版本图书馆 CIP 数据核字(2016)第 030098 号

责任编辑:张龙卿
封面设计:于华芸
责任校对:刘　静
责任印制:宋　林

出版发行:清华大学出版社
　　　　网　　　址:http://www.tup.com.cn,http://www.wqbook.com
　　　　地　　　址:北京清华大学学研大厦 A 座　　　邮　　编:100084
　　　　社 总 机:010-62770175　　　　邮　　购:010-62786544
　　　　投稿与读者服务:010-62776969,c-service@tup.tsinghua.edu.cn
　　　　质量反馈:010-62772015,zhiliang@tup.tsinghua.edu.cn
　　　　课件下载:http://www.tup.com.cn,010-62770175-4278
印　刷　者:北京富博印刷有限公司
装　订　者:北京市密云县京文制本装订厂
经　　　销:全国新华书店
开　　　本:185mm×260mm　　　印　　张:12.5　　　字　　数:282 千字
版　　　次:2016 年 6 月第 1 版　　　印　　次:2016 年 6 月第 1 次印刷
印　　　数:1~2500
定　　　价:32.00 元

产品编号:067916-01

随着经济全球化和市场经济体制的不断完善，会计环境发生了巨大的变化，社会经济的发展急需具备知识、能力、素质协调发展，具有创新精神、较强实践能力和可持续发展能力的会计人才。因此，要求会计教育实现由"理论灌输"到"实践操作"的转变，将理论知识与实践能力有机结合，培养市场经济所需要的上手快、素质高、业务精、技能强的会计专业人才。本书围绕培养实践能力强、素质高的技能型专门人才的要求编写而成。在总结长期教学经验和会计实践的基础上，从会计工作实际出发，按照我国新发布的会计准则和《会计基础工作规范》的要求，本书将会计人员日常工作经常涉及的专业知识进行了有机融合。

在本书内容的选取上，注重课程内容的科学和知识体系的严谨性与完整性，以"必需、够用"为原则。本书强调以下几点。

(1) 具有针对性。本书着重针对高职高专学生讲述专业知识和能力培养要求，尽量减少冗繁的理论叙述。

(2) 理论与实践相结合。本书重视会计基本原理的阐述，力求概念、原理表述准确、通俗易懂，便于学生理解和掌握。本书在注重吸收新知识、采用新准则、强化理论知识的同时，结合了案例分析，增强了学生分析、解决问题的能力。

(3) 具有创新性。本书在版面的设计和编排上具有创新性，考虑到高职学生尚没有接触过企业实务，对企业及其经营活动并不了解，因而增设了企业创办时的建账、税务登记等内容，加大了对企业日常经济业务进行账务处理介绍的力度。

本书共分 13 章，主要阐述了会计的基本原理，会计凭证的使用和管理，企业建账，会计账簿的登记规则，资产、负债、所有者权益、收入、费用、利润所涉及的主要科目的账务处理，企业纳税，企业财务报表等内容。

本书由张永涛、赵宝田担任主编，许纯榕担任副主编，林婕、丁明玉、顾姝月、庄惠凤、申小平、张炜、李浚猷、陈嬅、冯倩、冯书亭、张琦、陈珊珊、孔德胜、张帆、徐巧英也参与了本书的编写。

本书在编写过程中，参考了许多专家和学者的专著，并借鉴了其中的部分内容，在此谨向他们致以最崇敬的谢意。

　　虽然本书各作者通力合作，力求做到精益求精，但由于理论水平有限，也因会计理论、方法与实践及相关规则是不断发展变化的，书中难免有错误或不妥之处，敬请专家和读者批评指正。

编　者

2016 年 4 月

目　录

第 1 章

从零开始学会计

【本章学习目标】
- 了解会计是做什么的。
- 明确会计人员的职责权限和法律责任。
- 掌握会计的岗位设置和工作流程。

1.1 会计是做什么的

现代社会,"会计"已经成为一个大众化的词汇,人们工作和生活的很多方面都依赖于会计,以会计为职业的人也越来越多。那么,到底什么是会计? 会计又是做什么的? 我们通过一个故事来加以说明。

【例 1-1】 我们以日常经营的普通商店为例。小张和小吴是邻居,都打算经营商店。小张打算经营蔬菜、水果商店,小吴打算经营烟酒、日用品商店。

小张没有计算各方面投入的费用,这些费用包括店面的日常使用费用(如店面租金、水、电等),进货的费用。他也没有对需要进货的种类和数量做个大致的计划,就开始进货,这导致他几乎花光了手里的钱。进货后小店就开张了。然而由于没有预留资金支付日常的费用,就用收入来支付,很快出现了入不敷出的情况。经营了一个月下来,由于进货没有计划,蔬菜、水果出现了积压,损失了一大半。再加上没有剩余的钱继续投入,小张经营出现了问题,面临关张。

小吴首先汇总计算自己手里的钱,大致算出所能用于开店的所有资金,然后计算出一个月需要支付的常规支出,分摊到每一天,这样就了解了一天的固定支出,也就是每天的经营成本;接着小吴对需要进货的种类和数量,做了大致的计划表,按照计划进货,手里钱的 50% 用于进货,20% 需要支付日常的支出,10% 应付未知的开支,剩余的 20% 作为备用资金。有了这样的计划和预算,小吴的店开张了。小吴将每天的收入都逐笔记了下来,这样每天的营业额小吴都做到心中有数。每天营业结束,小吴算出收入、支出,很容易地算出了一天的利润。利润高的时候,小吴就会多投入一点,适当增加经营产品的种类;利润少的时候,就节约开支。这样,一个月下来,小店有声有色。同样是经营商店,小张和小吴的经营状况却截然不同。

例 1-1 中,小吴关于资金的分配使用,经营成本、收入、利润的计算,基本体现了一个会计人员的日常工作。通俗地讲会计就是管钱,是一项管理活动。会计在经济学上的定义:会计是以货币为主要计量单位,以凭证为主要依据,借助于专门的技术方法,对一定单位的资金运动进行全面、综合、连续、系统的核算与监督,向有关方面提供会计信息、参与经营管理、旨在提高经济效益的一种经济管理活动。会计工作分为三个阶段：记录、处理和传送，如图 1-1 所示。

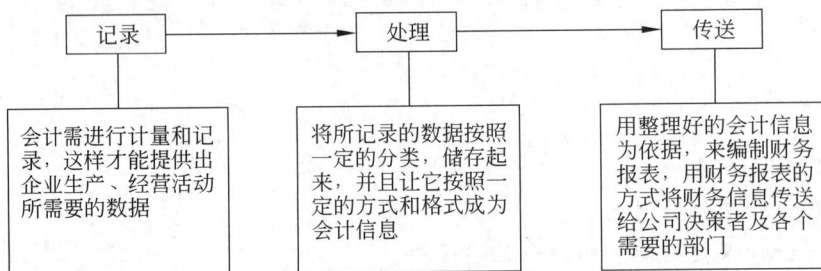

```
┌──────┐        ┌──────┐        ┌──────┐
│ 记录 │───────▶│ 处理 │───────▶│ 传送 │
└──────┘        └──────┘        └──────┘
```

| 会计需进行计量和记录，这样才能提供出企业生产、经营活动所需要的数据 | 将所记录的数据按照一定的分类，储存起来，并且让它按照一定的方式和格式成为会计信息 | 用整理好的会计信息为依据，来编制财务报表，用财务报表的方式将财务信息传送给公司决策者及各个需要的部门 |

图 1-1　会计的定义

会计人员是企业的财务工作的具体执行人员，不仅仅要做好会计的基础工作，而且也参与企业的日常事务管理、企业长远发展规划等，所以会计人员也是企业不可或缺的"军师"。这就要求每个会计人员不仅要做好企业的会计本职工作，按照规定完成各类核算和纳税的申报，并且在此基础上，还要为企业的管理、决策部门提供真实、客观、有效的财务数据和合理的企业日常经营管理建议。

1.2　会计人员的职责权限和法律责任

会计工作是企业管理活动中的重要组成部分。为了高效地完成会计工作，实现会计职能，就需要有专人来从事这项工作。从事这项工作的人就是会计人员。由于会计工作的复杂性、系统性，需要赋予会计人员专业的职责权限，同时为了规范会计人员的工作，也需要对其承担的法律责任做出明确的规定。下面，我们来讲述会计人员的职责权限和法律责任等内容。

1.2.1　会计人员的职责

会计人员的职责，是认真贯彻执行国家财经制度和遵守财经纪律，及时为利益相关者提供真实可靠的会计信息，积极参与经营管理，提高经济效益。根据《中华人民共和国会计法》的规定，会计人员的主要职责如下。

（1）进行会计核算。会计人员要以实际发生的经济业务为依据，记账、算账、报账，做到手续完备，内容真实，数字准确，账目清楚，日清月结，按期报账，如实反映财务状况、经营成果和财务收支情况。进行会计核算，及时地提供真实可靠的、能满足各方需要的会计信息，是会计人员最基本的职责。

（2）实行会计监督。各单位的会计机构、会计人员对本单位实行会计监督。会计人员对不真实、不合法的原始凭证，不予受理；对记载不准确、不完整的原始凭证，予以退回，要求更正补充；发现账簿记录与实物、款项不符的时候，应当按照有关规定进行处理；无权自行处理的,应当立即向本单位行政领导人报告,请求查明原因,做出处理;对违反国家统一的财政制度、财务制度规定的收支,不予办理。

（3）拟订本单位办理会计事务的具体办法。

（4）参与拟订经济计划、业务计划,考核、分析预算、财务计划的执行情况。

（5）办理其他会计事务。

以上会计人员的基本职责,也说明了会计人员的工作内容。下面通过一个实例来加以阐述。

【例 1-2】 小张通过考试获得了会计从业资格,想从事会计工作,他不知道自己具体该如何着手会计工作。

对于例 1-2 提出的问题,解答如下。首先要准备会计的工具,也就是记账凭证和账簿,记账凭证包括收款凭证、付款凭证和转账凭证;会计人员常用的账簿有明细分类账和总账。工具有了,接下来就是接收由出纳传递过来的原始凭证,会计人员根据原始凭证进行编制记账凭证,然后根据记账凭证登记账簿,根据账簿记录出具报表,最后就是报税,以及向公司负责人等汇报财务情况,这样简单的流程就完成了会计核算的基本内容。另外会计还得进行会计监督,在实际工作中,也称之为"审核",如员工小吴报销差旅费,小张就要审核小吴的差旅费的原始票据是否真实合法,还要审核是否经过负责人的批准等。

在会计实务中,要根据公司的实际情况,来开展审核其他部门的资金计划,制订财务收支计划等工作。

1. 会计核算

会计核算是会计人员的最基本的职责,贯穿于整个经济活动的全部过程。会计核算是指会计人员以货币为主要的计量单位,对特定主体的经济活动进行确认、计量、记录和报告,为相关的各个方面提供会计信息。

对经济活动进行确认,具体来说就是运用特定的会计方法、用文字和金额同时来描述某一交易事项,使该交易事项的金额能够反映在特定的财务报表的合计数中。对经济活动进行确认又分为初始确认和后续确认。

对经济活动的计量就是确定上述会计确认中用来描述某一交易或事项的金额的会计程序。

对经济活动的记录就是指对企业的经济活动采用一定的记账方法,在对应的账簿中进行登记的会计程序。

对经济活动的报告就是在确认、计量和记录的基础上,对企业的财务状况、经营成果以及现金流量等情况,以财务报告的形式向有关方面进行报告的一种会计程序。

会计核算要求真实、准确、完整和及时,其主要内容具体表现为生产经营过程中的各种经济业务,包括以下几个方面,如图 1-2 所示。

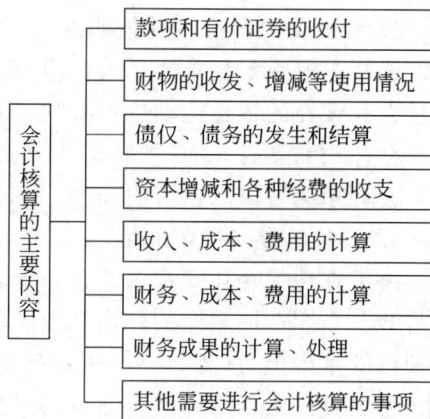

会计核算的主要内容
- 款项和有价证券的收付
- 财物的收发、增减等使用情况
- 债仅、债务的发生和结算
- 资本增减和各种经费的收支
- 收入、成本、费用的计算
- 财务、成本、费用的计算
- 财务成果的计算、处理
- 其他需要进行会计核算的事项

图 1-2 会计核算的主要内容

（1）款项和有价证券的收付；

（2）财物的收发、增减等使用情况；

（3）债权、债务的发生和结算；

（4）资本增减和各种经费的收支；

（5）收入、成本、费用的计算；

（6）财务成果的计算、处理；

（7）其他需要进行会计核算的事项。

2. 会计监督

会计监督职能也称为控制职能，是指对企业经济活动和会计核算是否合法、合理进行审查，即以一定的标准和要求，利用会计所提供的相关信息对各单位的经济活动，进行有效的指导、调节和控制，以达到预期的目的。会计监督的具体内容，包括三个方面：①监督经济业务的真实性；②监督财务收支的合法性；③监督公共财产的完整性，如图1-3所示。

会计监督是一个过程，它又分为事前监督、事中监督和事后监督。

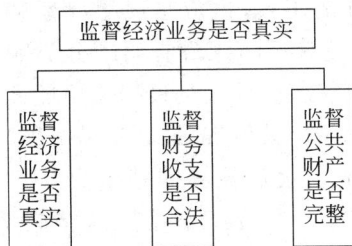

图1-3 会计监督的内容

会计监督要求会计人员在进行会计核算的时候，要对企业的经济业务的合法性、合理性进行审查。具体来说，合法性审查就是保证各项经济业务符合国家的法律法规的规定，遵守相关的财经纪律，执行国家方针政策，坚决杜绝违法乱纪的行为；合理性审查就是指会计人员应该检查企业各项财务的收支是否符合该企业的财务收支计划，是否有利于实现预算目标，是否有奢侈浪费的行为发生，是否有违反企业内部控制制度等现象，为增加收入、减少开支、提高经济效益严格把关。

注意：会计核算和会计监督两个基本的会计职能是相辅相成、辩证统一的关系。如果没有会计核算提供各种信息，会计监督就没有存在的意义；如果没有会计监督，会计核算提供的信息就没有相应的质量保证。

除了会计核算和会计监督，会计还具有预测经济前景、参与决策、评价经营业绩等职能。

3. 会计的预测经济前景职能

这一职能主要是指会计人员应该对会计对象的未来发展有一种预先反映，不仅可以对过去和现在的资金运动进行反映，还可以在此基础上预测其未来发展方向，以及经济前景。会计预测具有超前性，是对未来经济形势的事先反映，从而可以有效地指导经济活动。会计预测可以从销售的预测、利润的预测、成本的预测、资金的预测等方面来进行。

4. 会计的参与决策职能

决策在现代企业管理中非常重要，正确的决策能够使企业获得最大的效益，而决策失误将会对企业造成致命的打击和重大的损失与浪费。所以会计的决策职能必须建立在科学预测的基础上，预测与决策两者都需要掌握大量的财务会计信息，这些资料都必须依靠会计来提供。所以为了使企业取得最大的经济效益而发挥的参与决策的职能，是会计的一项重要的职能。在实际工作中，企业需要运用各项会计信息，进行决策分析，然后做出最优决策。

5．会计的评价经营业绩职能

评价经营业绩主要是指为了实现目标，按照企业管理的要求设计经营业绩评价体系，比照评价标准，采用特定的方法，对企业目标的实现情况进行判断的活动。

随着生产力水平的不断提高，会计所发挥的作用也越来越重要，而其会计职能也是在不断丰富和向前发展，也将随着经济的高速发展而不断地发展变化。

1.2.2　会计人员的主要权限

会计人员既是企业员工，同时又是国家法律的执行者，受到国家法令和企业规章制度的制约，为了完成其本职工作，在权限方面有以下要求。

（1）会计人员有权要求企业相关的部门及人员严格执行国家批准的计划和预算，遵守国家法律法规、纪律和财务制度等。

（2）会计人员有权参与本企业编制的计划、签订经济合同等，有权参与有关生产、经营的管理会议。

（3）会计人员有权监督、检查本单位相关部门的财务收支，资金使用情况和财产财物的保管、收发、计量和验收等经济活动的执行情况等。

（4）会计人员有权对本企业各部门进行会计监督。

【例 1-3】　销售部门的王经理签订了销售合同，会计部门的李会计要求审核销售合同。王经理很不理解，觉得张会计越权了，他认为自己部门的合同没有必要给张会计审核。

案例中张会计的做法是正确的，王经理的想法显然是不正确的。因为会计人员有权参与销售合同的制定和执行，这样有利于保证销售合同的合法性。因此，销售部门应该积极地配合张会计进行销售合同的审核。

1.2.3　会计人员的职业道德和法律责任

会计人员是企业会计部门的主体，是企业顺利完成会计工作的执行人员。会计人员素质的高低，很大程度上影响着企业会计信息的质量，作为会计人员需要遵守基本的职业道德。会计人员应对本单位的会计工作和会计资料的真实性、完整性负责，一旦有违法会计行为，应承担相应的法律责任。

1．会计人员的职业道德

会计人员职业道德，是指会计人员在会计工作中应当遵循的道德规范，是会计工作规范的组成部分，也是会计人员的基本素质之一。根据《会计法》和《会计基础工作规范》规定，会计人员职业道德的内容主要包括以下几点。

（1）爱岗敬业。热爱本职工作，这是做好一切工作的出发点。只有建立了这个出发点，才会努力钻研业务技术，使自己的知识和技能适应具体从事的会计工作的要求。

（2）熟悉法规。会计工作不只是单纯的记账、算账、报账工作，会计工作时时、事事、处处涉及执法守规方面的问题。会计人员应当熟悉财经法律、法规和国家统一的会计制度,做到自己在处理各项经济业务时知法依法、知章循章,依法把关守口,同时还要进行法规的宣传,提高法制观念。

(3) 依法办理。按照《会计法》要求保证会计信息真实、完整的规定,会计人员必须依法办事,树立良好的职业形象,敢于抵制歪风邪气,同一切违法乱纪的行为作斗争。

(4) 客观公正。会计人员在办理会计事务中,应当实事求是、客观公正。这是一种工作态度,也是会计人员追求的一种境界。做好会计工作,不仅要有过硬的技术本领,也同样需要有实事求是的精神和客观公正的态度。否则,就会把知识和技能用错了地方,甚至参与弄虚作假或者通同作弊。

(5) 搞好服务。会计工作的特点,决定了会计人员应当熟悉本单位的生产经营和业务管理情况,因此,会计人员应当积极运用所掌握的会计信息和会计方法,为改善单位的内部管理、提高经济效益服务。

(6) 保守秘密。会计人员应当保守本单位的商业秘密,除法律规定和单位负责人同意外,不能私自向外界提供或者泄露单位的会计信息。会计人员由于会计工作性质的原因,有机会了解本单位的财务状况和生产经营情况,有可能了解或者掌握重要商业机密,因此,必须严守秘密。泄密,是一种不道德行为。会计人员应当确立泄露商业秘密为大忌的观念,对于自己知悉的内部机密,在任何时候、任何情况下都要严格保守,不能随意向外界泄露商业秘密。

注意:会计人员有违反职业道德的,由所在单位进行处罚,情节严重的,可由会计证发证机关吊销其会计从业资格证书。

2. 会计人员的法律责任

(1) 违反下列行为之一的,由县级以上人民政府财政部门责令限期改正,可以对单位处以 3 000 元以上 5 万元以下的罚款;对其直接负责的主管人员和其他直接责任人员,可以处以 2 000 元以上 2 万元以下的罚款。

① 企业不依法设置会计账簿的。

② 企业私设会计账簿的。

③ 不按照规定填制、取得原始凭证或者填制、取得的原始凭证不符合相关规定的。

④ 用未经审核的会计凭证作为依据来登记会计账簿或者登记会计账簿不符合相关规定的。

⑤ 随意变更会计处理方法的。

⑥ 向不同的会计资料使用者,提供的财务会计报告编制依据不一致的。

⑦ 未按照规定使用会计记录文字或记账本位币的。

⑧ 未按照规定保管会计资料、会计档案,致使会计资料毁损、丢失的。

⑨ 未按照规定建立并没有实施单位内部会计监督制度,或者拒绝依法实施监督的,或者不如实提供有关会计资料及有关情况的。

⑩ 任用会计的人员不符合会计法规规定的。

注意:如果有以上所列的行为之一,构成犯罪的,将依法追究刑事责任。

【例 1-4】 徐某是一位从事会计工作 3 年的会计人员,应聘到某家包装厂做会计。包装厂的总经理因想用最小的成本获得最大的利益,便要求徐某担任会计的同时兼任出纳。徐某意识到这样做是违反法规的行为,于是拒绝了总经理的要求。但总经理提出若徐某担任这两项工作便可得到多一倍的工资薪酬,一再表示绝不会有问题,要其放心,并且表示如果徐某拒绝,便会开除徐某。徐某并没有抵住金钱的诱惑以及总经理给的压力,也不想失去工作,便答应了总经理的要求。

案例中,包装厂总经理的做法显然违反了《会计法》的规定,会计人员和出纳人员应该互相监督,会计人员不可以兼任出纳。因此,公司的负责人应该按照会计法规的规定招聘合适的人员,徐某应该坚决拒绝兼任出纳。

(2) 伪造、变造会计凭证、会计账簿,编制虚假财务会计报告;授意、指使、强令会计机构、会计人员及其他人员伪造、变造会计凭证、会计账簿,编制虚假财务会计报告或隐匿、故意销毁依法应保存的会计凭证、会计账簿、财务会计报告的法律责任:尚不构成犯罪的,对涉及其中的会计人员,由县级以上人民政府财政部门吊销其会计从业资格证书;可以处 5 000 元以上 5 万元以下的罚款;属于国家工作人员的,还应由其所在单位或有关单位依法给予降级、撤职、开除的行政处分。

【例 1-5】 销售部的小王来到财务部,找孙会计报销出差时的相关费用。孙会计在审核了小王提供的发票以后,发现其中有三张汽车发票是伪造的。孙会计应该怎么做呢?

作为会计人员,孙会计首先应该拒收伪造的汽车发票,并告知小王,这种做法所需要承担的法律责任,会计人员有责任给予其正确的引导,从而避免这种行为的发生。

3. 会计人员职业道德和法律责任的关系

(1) 会计职业道德与会计法律制度的联系

① 作用上相互补充、协调。

② 内容上相互渗透、相互重叠。会计法律制度中含有会计职业道德规范的内容,同时,会计职业道德规范中也包含会计法律制度的某些条款。

③ 地位上相互转化、相互吸收。会计职业道德规范就是对会计职业行为约定俗成的基本要求,后来制定的会计法律制度吸收了这些基本要求,便形成了会计法律制度,可以说,会计法律制度是会计职业道德的最低要求。

④ 实施过程中相互作用、相互促进。会计职业道德是会计法律制度正常运行的社会思想基础,会计法律制度是促进会计职业道德规范形成和遵守的制度保障。

(2) 会计职业道德与会计法律制度的区别

① 性质不同。会计法律制度是从工作业务角度对会计人员的会计行为做出规范,由国家立法部门或行政管理部门颁布规定。它充分体现了统治阶级的愿望和意志,通过国家机器强制执行,具有很强的他律性。会计职业道德主要是从品行角度对会计人员的会计行为做出规范,依据社会舆论、传统习惯和内心信念的力量来调整会计工作中会计人员之间,以及他们与其他社会成员之间的利益关系。

② 作用范围不同。会计法律制度侧重于调整会计人员的外在行为和结果的合法化,具有较强的客观性。会计职业道德不仅要求调整会计人员的外在行为,还要求调整会计人员内在的精神世界。

③ 实现形式不同。会计法律制度是通过一定的程序由国家立法部门或行政管理部门制定的,其实现形式是具体的、明确的、正式形成文字的成文规定。会计法律制度要求的是"必须",评价使用的范畴是对和错。会计职业道德出自于会计人员的职业生活和职业实践,日程月累,约定俗成。其要求的是"应该",评价使用的范畴是善和恶,是一个价值判断。

④ 实施保障机制不同。会计法律制度由国家强制力保障实施。会计职业道德缺乏对裁定执行的保障。

1.3　会计和出纳的区别与联系

出纳与会计是两个完全不同的概念,两者既有区别又有联系,是分工与协作的关系,两者缺一不可。

1. 会计和出纳的区别

通俗地讲就是一个管钱,一个管账;出纳管钱,会计管账。

出纳是负责钱的收与支,主要是登记现金日记账和银行存款日记账,根据每天的收入和支出,逐笔登记;每日终了,要结出现金日记账和银行存款日记账的余额,并盘点实际库存的现金,以及银行账户余额,进行及时核对,做到账实相符。

会计是负责账务处理,是管理除了现金日记账、银行存款日记账以外的所有账簿,例如,明细分类账、总账等。一般小规模企业只设明细分类账、总账,有的较大规模的企业除了明细分类账、总账之外,还分设了辅助账簿,例如,成本明细账、费用明细账、固定资产明细账等账簿。

财务制度里,规定"钱账分管",其目的是为了减少工作中的舞弊以及差错的出现,有效地保证了企业资金的安全。另外,出纳人员不得负责有关收入、费用、债权债务等的核算及其账目登记,而会计不得管钱和财物;银行印鉴和支票也应该分管,不可由出纳或者会计任何一个人独自管理,有的公司还要求银行印鉴也要分管。

2. 会计和出纳的联系

会计与出纳既相互相依赖又互相牵制。二者进行核算的依据是相同的,都是以原始凭证和记账凭证为基本核算依据。原始凭证由出纳整理、审核(会计也需要审核),然后传递给会计,由会计制作记账凭证。在会计核算过程中,会计与出纳需要互相利用对方的核算资料,完成自己的核算。

例如,出纳每月终了的现金日记账、银行存款日记账的余额,需要与会计的总分类账的货币资金总额核对,两者共同协作才能完成会计任务,缺一不可。库存资金定期由会计和出纳共同参与进行盘点,与出纳分管的现金日记账进行核对。

所以,会计与出纳不是一回事,不能合二为一。两者是同属于财务部门的两个岗位,岗位职责也各有侧重,同时需要两者密切配合,才能顺畅地完成企业的会计核算工作。

1.4　会计部门的岗位设置

会计部门的岗位,是指一个单位会计机构内部根据业务分工而设置的职能岗位。在会计部门设置会计工作岗位,有利于明确分工和确定岗位职责,建立岗位责任制;有利于会计人员钻研业务,提高工作效率和质量;有利于会计工作的程序化和规范化,加强会计基础工作;还有利于强化会计管理职能,提高会计工作的作用;同时也是配备数量适当的会计人员的客观依据之一。

企业应根据自身规模大小及业务量多少等具体情况来设置会计岗位。一般大中型企业应设置总会计师(或行使总会计师职权),会计机构负责人或者会计主管人员,出纳,财产物资核算,工资核算,成本费用核算,财务成果核算,资金核算,资本、基金核算,收入、支出、债权债务核算,财产物资收发,增减核算,总账,往来结算,稽核,总账报表,档案管理等会计岗位。而小型企业因业务量较少,可适当合并,减少岗位设置,如可设置出纳、总账报表和明细分类核算等会计岗位。

会计部门的岗位设置原则如下:

(1)应根据会计业务需要设置会计工作岗位,应与本单位业务活动的规模、特点和管理要求相适应,因此,会计岗位可以一人一岗、一人多岗、一岗多人。

(2)出纳不得兼管稽核,会计档案保管,收入、费用、债权债务账目的登记工作(而不是所有记账工作)。出纳以外的人员不得经管现金、有价证券、票据。

(3)对会计人员的工作岗位要有计划进行轮岗,以有利于会计人员全面熟悉业务,不断提高业务素质。

(4)要建立岗位责任制。

一般小规模企业的会计部门业务量少,因此设立的岗位相对较少,常见的几个岗位设置,如图1-4所示。

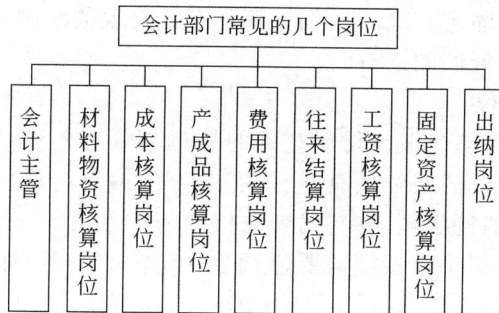

图1-4　会计岗位设置示意图

1. 会计主管

会计主管的主要职责:遵守国家法规,制定完善本企业各项财务会计制度;组织筹集资金,节约使用资金;认真研究税法,督促足额上缴税金和相关费用;组织分析活动,参与经营决策；参与审查合同，维护企业利益；提出财务报告，汇报财务工作；组织会计人员学习，考核调配人员。

2．出纳岗位

该岗位负责办理现金收付和结算业务，登记现金和银行存款日记账，保管库存现金和各种有价证券，保管有关印章、空白收据和空白支票。

3．成本核算岗位

该岗位负责拟订成本核算办法，制订成本费用计划，负责成本管理基础工作，核算产品成本和期间费用，编制成本费用报表并进行分析，协助管理在产品和自制半成品。

4．费用核算岗位

该岗位负责期间费用的核算以及营业外收支的核算，应设立"营业费用""管理费用"和"财务费用"等明细账，以及"营业外收入"和"营业外支出"明细账，根据有关记账凭证进行登记，并与有关总分类账进行核对。月末，编制费用明细表。

5．产成品核算岗位

该岗位负责产成品的核算，需要设立产成品数量金额明细账，审查产成品的成本汇总表及完工产品入库表，负责产成品明细账的登记以及产成品收发明细账的设置和登记。按规定监督产成品的收发，定期盘点并与成品库进行账实核对，还要与总分类账进行核对，做到账账核对，月末要按加权平均法计算销售产品的成本，并结转其已销售产成品成本。如盘点发生盘盈盘亏，按月初单位成本转账。

6．往来结算岗位

该岗位负责建立往来款项结算手续制度，办理往来款项的结算业务，进行往来款项结算的明细核算。

7．工资核算岗位

该岗位负责监督工资基金的使用，审核发放工资、奖金，负责工资的明细核算，负责工资分配的核算，计提应付福利费和工会经费等费用。

8．固定资产核算岗位

该岗位负责会同有关部门拟定固定资产的核算与管理办法，参与编制固定资产更新改造和大修理计划，负责固定资产的明细核算和有关报表的编制，计算提取固定资产折旧和大修理资金，参与固定资产的清查盘点。

9．材料物资核算岗位

该岗位负责会同有关部门拟订材料物资的核算与管理办法，审查汇编材料物资的采购资金计划，负责材料物资的明细核算，会同有关部门编制材料物资计划成本目录，配合有关部门制定材料物资消耗定额，参与材料物资的清查盘点。

上述为一般设置，公司可以根据需要进行会计岗位的设置，有些岗位可以合并。

1.5　会计证书

会计作为一项专业技术，有一些专业的资格证书。本节我们主要了解国内与会计相关的三类专业证书：会计从业资格证书、会计专业技术资格证书（会计师职称证书）、注册会计师执业资格证书（CPA）。

1.5.1　会计从业资格证书

根据《会计法》，凡从事会计工作（包括收银、出纳、会计等）的人员，必须取得会计从业资格，持有会计从业资格证书，按《会计从业资格管理办法》规定注册。不具备会计从业资格的人员不得担任会计专业职务。各单位不得任用不具备会计从业资格的人员从事会计工作。

会计从业资格证书，也就是通常所说的"会计证"。报考人员要符合《中华人民共和国会计法》（以下简称《会计法》）等有关法律、法规规定，考试人员必须到财政部指定的报名地点报名，采取自主报名参加考试的方式。

考试科目包括：《财经法规与会计职业道德》《会计基础》和《会计电算化》。考试成绩必须一次性通过全部科目才合格。

取得会计从业资格证书以后，每年需要年检，在财政部指定的培训机构参加会计继续教育培训，继续教育的时间不能少于 24 小时，由培训机构加盖年检章。

1.5.2　会计专业技术资格证书

会计人员取得会计从业资格证书，从事会计工作后，如果想要提高自己的业务水平，还可以参加会计专业技术资格考试，取得会计专业技术资格证书（会计师职称证书）。

目前国内的会计专业技术资格证书包括以下几类。

1．初级会计师资格证书

取得会计从业资格证书，并从事会计职业两年的人，可申请初级会计师资格考试。初级会计资格考试的科目包括：《经济法基础》《初级会计实务》。考生必须一次性通过两个科目，才可以取得初级会计师资格证书（也称助理会计师证书）。

报名时间一般是考试年度之前一年的 9～11 月，各地报名时间有差异。考试时间一般是在考试年度的 5 月份，具体时间应以当地公布的考试时间为准。

2．中级会计师资格证书

报名参加中级会计师资格考试的人员，需要具备会计从业资格证书、初级会计师资格证书。中级会计师资格考试科目包括：《财务管理》《经济法》和《中级会计实务》。考生必须在连续的两个考试年度内全部通过，才可取得证书。

报名时间一般是考试年度之前一年的 9～11 月，各地报名时间有差异。考试时间为考试年度的 5 月，具体时间以当地公布的考试时间为准。

3．高级会计师资格证书

目前我国对已经取得中级职称的会计人员，采用评审制度来认证其高级会计师职称。具体评审办法参考各地的相关规定。

1.5.3　注册会计师职业资格证书

注册会计师执业资格证书（Certified Public Account，CPA）是中国一项执业资格考试，已经成为国内声誉最高的执业资格考试之一。其考试难度最大，就业前景较好。

凡具有高等专科以上学历的，已取得会计或相关专业（审计、统计、经济等）中级以上专业技术资格的中国公民都有资格报考。

注册会计师职业资格证书的考试科目包括《审计》《税法》《会计》《经济法》《财务成本管理》《公司战略与风险管理》6科。依据相关规定，如具有会计或相关专业高级技术职称的人员，可以申请免试一门专长科目。考试实行滚动式，从第一门单科合格成绩取得之年算起，连续5年内必须通过所有科目，才可获得申请成为注册会计师资格。

报名时间为每年的4～5月，考试时间是当年的9月中旬。

1.6　会计的工作流程

会计的工作流程是指会计人员日常进行账务处理的一般流程。会计账务处理程序有多种形式，各经济单位可以自主选用与自身业务模式相适应的账务处理程序。会计中常见的账务处理程序有三种：一是记账凭证账务处理程序；二是汇总记账凭证账务处理程序；三是科目汇总表账务处理程序。

1.6.1　记账凭证账务处理程序

记账凭证账务处理程序，是指在经济业务发生的时候，根据原始凭证或者是原始汇总表（汇总原始凭证）来编辑记账凭证，然后直接根据记账凭证逐笔登记总分类账及相关明细账日记账，最后编辑相应的财务报表，如资产负债表、利润表等。它是最基本的账务处理程序，其他各种账务处理程序基本上是在这种账务处理程序的基础上发展和演变而形成的。

记账凭证账务处理的一般程序如下。

① 根据原始凭证来编制汇总原始凭证。

② 根据出纳传递的原始凭证或汇总原始凭证，编制记账凭证。

③ 根据收款凭证、付款凭证来逐笔登记现金日记账和银行存款日记账。

④ 根据原始凭证、汇总原始凭证和记账凭证，登记各种明细分类账。

⑤ 根据记账凭证逐笔登记总分类账。

⑥ 期末，现金日记账、银行存款日记账和明细分类账的余额同有关总分类账的余额进行核对。

⑦ 期末根据总分类账和明细分类账的记录，编制财务报表。

记账凭证账务处理程序，如图1-5所示。

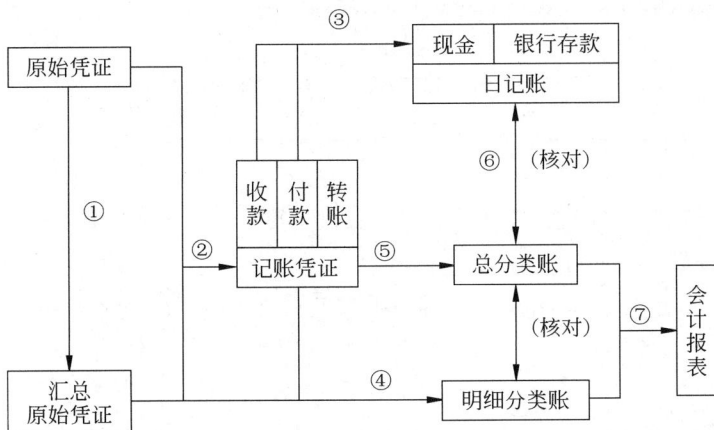

图 1-5 记账凭证账务处理程序

记账凭证账务处理程序的优点是直接根据记账凭证逐笔登记总分类账,可以较详细地反映经济业务的发生情况,简单明了,易于理解。其缺点是账页耗用多,预留账页的数量难以把握;总分类账登记工作量过大。因此,记账凭证账务处理程序一般只适用于规模较小、经济业务较少的单位。

1.6.2 汇总记账凭证账务处理程序

汇总记账凭证账务处理程序是根据原始凭证或原始凭证汇总表编制记账凭证,定期根据记账凭证分类编制汇总收款凭证、汇总付款凭证和汇总转账凭证,再根据汇总记账凭证登记总分类账的一种账务处理程序。

汇总记账凭证账务处理程序的特点是先定期将记账凭证汇总编制成各种汇总记账凭证,然后根据各种汇总记账凭证登记总分类账。汇总记账凭证账务处理程序是在记账凭证账务处理程序的基础上发展起来的,与记账凭证账务处理程序的主要区别是在记账凭证和总分类账之间增加了汇总记账凭证。在这一程序中,除设置收款凭证、付款凭证和转账凭证外,还应设置汇总收款凭证、汇总付款凭证和汇总转账凭证。

汇总记账凭证账务处理程序的一般编制步骤如下。

① 根据原始凭证编制汇总原始凭证。

② 根据原始凭证或汇总原始凭证,编制记账凭证。

③ 根据收款凭证、付款凭证逐笔登记现金日记账和银行存款日记账。

④ 根据原始凭证、汇总原始凭证和记账凭证,登记各种明细分类账。

⑤ 根据各种记账凭证编制有关汇总记账凭证。

⑥ 根据各种汇总记账凭证登记总分类账。

⑦ 期末,现金日记账、银行存款日记账和明细分类账的余额同有关总分类账的余额进行核对。

⑧ 期末,根据总分类账和明细分类账的记录,编制会计报表。

汇总记账凭证账务处理程序,如图 1-6 所示。

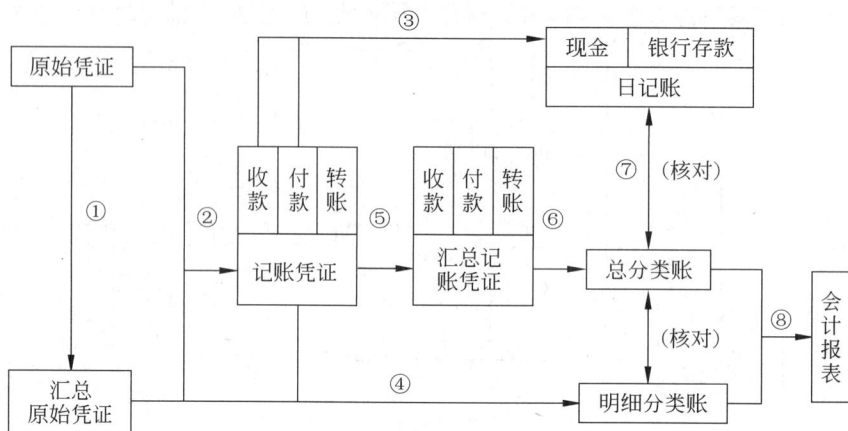

图 1-6　汇总记账凭证账务处理程序

　　汇总记账凭证账务处理程序的优点:相对于记账凭证账务处理程序减轻了登记总分类账的工作量,由于按照账户对应关系汇总记账凭证,便于了解账户之间的对应关系。其缺点是按每一贷方科目编制汇总记账凭证,不利于会计核算的日常分工,并且当转账凭证较多时,编制汇总转账凭证的工作量较大。它适用于规模较大、交易或事项较多,特别是转账业务少而收、付款业务较多的单位。

1.6.3　科目汇总表账务处理程序

　　科目汇总表账务处理程序,又称记账凭证汇总表账务处理程序,它是根据记账凭证定期编制科目汇总表,再根据科目汇总表登记总分类账的一种账务处理程序。科目汇总表是根据记账凭证汇总而成的。其特点是编制科目汇总表并据以登记总分类账。

　　科目汇总表账务处理程序的一般编制步骤如下。

　　① 根据原始凭证编制汇总原始凭证。

　　② 根据原始凭证或汇总原始凭证,编制记账凭证。

　　③ 根据收款凭证、付款凭证逐笔登记现金日记账和银行存款日记账。

　　④ 根据原始凭证、汇总原始凭证和记账凭证,登记各种明细分类账。

　　⑤ 根据各种记账凭证编制科目汇总表。

　　⑥ 根据科目汇总表登记总分类账。

　　⑦ 期末,现金日记账、银行存款日记账和明细分类账的余额同有关总分类账的余额进行核对。

　　⑧ 期末,根据总分类账和明细分类账的记录,编制财务报表。

　　科目汇总表账务处理程序,如图 1-7 所示。

　　科目汇总表账务处理程序可以大大减轻登记总账的工作量,还起到了试算平衡的作用,保证了总分类账登记的正确性。其缺点是科目汇总表不能反映账户对应关系,不便于

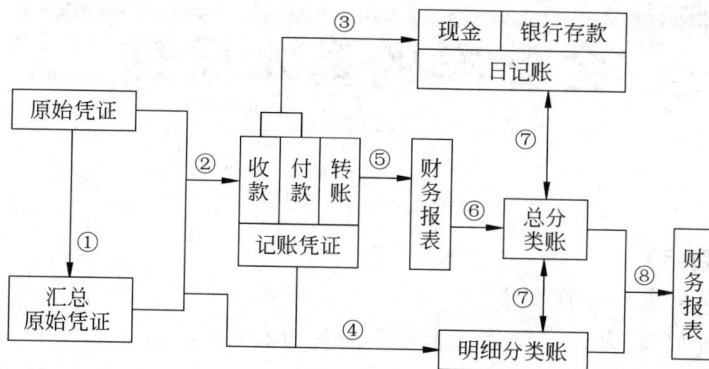

图 1-7 科目汇总表账务处理程序

查对账目。它一般适用于规模较大、业务较多的经济单位。

课后思考题

1. 会计人员的职责有哪些？
2. 会计人员需要遵守的法律责任有哪些？
3. 会计和出纳有什么区别和联系？
4. 会计部门一般设置哪些岗位？
5. 常见的会计证书有哪些？

第 2 章　会计学的基本原理

【本章学习目标】
- 了解会计对象和会计要素。
- 理解会计假设、复式记账法及借贷平衡的内在意义。
- 熟悉会计科目及账户。

2.1　会计对象

会计对象是指会计所核算和监督的内容,即会计所要反映和监督的客体。由于会计需要以货币为主要计量单位,对特定会计主体的经济活动进行核算和监督,因而会计只能核算和监督社会再生产过程中能够用货币表现的各项经济活动。凡是特定主体能够以货币表现的经济活动,都是会计核算和监督的内容,也就是会计的对象。

在社会主义制度下,会计的对象就是社会再生产过程中的资金运动。资金运动主要有以下三种表现形式,如图 2-1 所示。

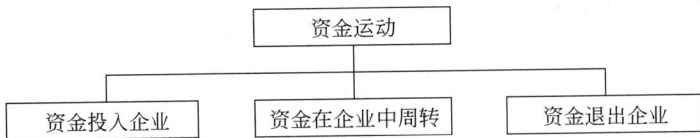

```
                    资金运动
        ┌──────────────┼──────────────┐
   资金投入企业      资金在企业中周转      资金退出企业
```

图 2-1　资金运动的表现形式

（1）资金投入企业:企业通过吸收投资、银行借入、发行股票或债券来筹集资金,引起企业资金的增加。

（2）资金在企业中周转:企业用货币资金购买材料,形成储备资金;工人利用自己的生产技术,借助于机器设备对材料进行加工,发生的耗费形成生产资金;产品完工后形成成品资金;将产品销售出去,收回货款,得到新的货币资金。整个周转过程表现为:货币资金→储备资金→生产资金→成品资金→新的货币资金。

（3）资金退出企业:企业偿还银行借款、上缴税金和分派利润或股利。

下面具体来说明会计对象的基本内容,以工业企业为例。

工业企业是从事工业产品生产和销售的营利性经济组织,其再生产过程是以生产过程为中心的供应、生产和销售过程的统一。为了从事生产经营活动,企业必须拥有一定数量的资金,用于建造厂房、购买机器设备、购买原材料、支付职工工资、支付经营管理过程中各种必要的开支等,生产出的产品经过销售后,收回的货款还要补偿生产经营过程中垫付的资金、偿还有关债务、上缴税金等。

（1）资金投入企业。资金的投入是企业资金运动的起点。资金的投入包括企业所有者投入的资金和债权人投入的资金两部分。前者属于企业所有者权益，后者属于企业债权人权益（即企业的负债）。投入企业的资金一部分构成流动资产（如货币资金、原材料等），另一部分构成非流动资产（如厂房、机器设备等）。

（2）资金在企业中周转。企业将资金运用于生产经营过程，就形成了资金的周转。资金在供应过程、生产过程、销售过程中周转。

（3）资金的退出。企业在生产经营过程中，为社会创造了一部分新价值，因此，企业收回的货币资金一般要大于投入的资金，这部分增加额就是企业的利润。企业实现的利润，需要给国家纳税，需要按照有关合同或协议偿还各项债务，还需要按照企业章程或董事会决议向投资者分配股利或利润。用于交纳税金、偿还债务和向投资者分配股利或利润的这部分资金就退出了企业。

上述资金运动的三部分内容，构成了开放式的运动形式，是相互支撑、相互制约的统一体。会计就是以这三个过程中的经济活动作为自己的具体对象。

2.2 会计要素

会计要素是对会计对象所做的基本分类，是会计核算对象的具体化，是用于反映会计主体财务状况和经营成果的基本单位。中国《企业会计准则》定义了资产、负债、所有者权益、收入、费用和利润6个会计要素。

这6个会计要素分为反映企业财务状况的会计要素和反映企业经营成果的会计要素。资产、负债和所有者权益是反映企业财务状况的三要素，是资金运动中的静态表现；收入、费用和利润是反映企业经营成果的三要素，是资金运动中的动态表现。

会计要素的划分在会计核算中具有重要作用，具体表现在以下几点。

1. 会计要素是对会计对象的科学分类

会计对象的内容是多种多样的、错综复杂的，为了科学、系统地对其进行反映和监督，必须对它们进行分类，然后按类设置账户并记录账簿。划分会计要素正是对会计对象进行分类。没有这种分类，就无法登记账簿，也就不能实现会计的职能了。

2. 会计要素是设置会计科目和账户的基本依据

对会计对象进行分类，必须确定分类标志，而这些标志本身就是账户的名称即会计科目。不将会计对象划分为会计要素就无法设置账户，也就无法进行会计核算。

3. 会计要素是构成会计报表的基本框架

会计报表是提供会计信息的基本手段，会计报表应该提供一系列指标，这些指标主要是由会计要素构成的，会计要素是会计报表框架的基本构成内容。从这个意义上来讲，会计要素为设计会计报表奠定了基础。

2.2.1　资产

资产是指企业过去的交易或事项形成的,由企业拥有或控制的,预期会给企业带来经济利益的资源。它是企业、自然人、国家拥有或者控制的能以货币来计量收支的经济资源,包括各种收入、债权和其他。资产是会计最基本的要素之一,与负债、所有者权益共同构成的会计等式,成为财务会计的基础。

1. 资产的特征

(1) 资产是由过去的交易或事项形成的

只有过去的交易或者事项才能产生资产,企业预期在未来发生的交易或者事项不形成资产。

【例 2-1】　某企业打算购买一批原材料,7 月份与售货方签订了购买协议,但是实际付款交易的时间是在 9 月份,那么,企业确认该批原材料为资产的时间应该在 7 月份还是 9 月份?

例 2-1 中,企业确认原材料为资产的时间应该在 9 月份,而不是 7 月份。因为 9 月份时才能完成付款,购入材料。

(2) 资产是为企业所拥有或者控制的资源

资产作为一项资源,应为企业拥有或者控制,具体是指企业享有某项资源的所有权,或者虽然不享有某项资源的所有权,但该资源能被企业控制。

【例 2-2】　甲企业的加工车间有两台设备。A 设备系从乙企业融资租入获得,B 设备系从丙企业以经营租入方式获得,目前两台设备均投入使用。A、B 设备是否为甲企业的资产?

要明确区分经营租入与融资租入。例 2-2 中,甲企业对经营租入的 B 设备既没有所有权也没有控制权,因此 B 设备不应该确认为甲企业的资产。而甲企业对融资租入的 A 设备虽然没有所有权,但享有与所有权相关的风险和报酬的权利,即拥有实际控制权,因此将 A 设备确认为甲企业的资产。

(3) 资产能够直接或间接地使相关的经济利益流入企业

经济利益是指直接或间接地流入企业的现金或者现金等价物。所有的资产都应该能为企业带来相关的经济利益。如果某一项目预期不能给企业带来经济利益,就不能将其确认为企业的资产。

【例 2-3】　兴盛公司有两台机床,其中 G 机床型号较老,自 H 机床投入使用后,G 机床一直未再使用;H 机床是 G 机床的替代产品,目前承担该工序的全部生产任务。G、H 机床是否都是企业的固定资产?

例 2-3 中,G 机床不应该确认为该企业的固定资产。该企业原有的 G 机床已长期闲置不用,不能给企业带来经济利益,因此不应该作为资产。而 H 设备正在使用,也就会有相应的经济利益流入企业,所以可以确认为企业的资产。

2. 资产的确认条件

确认资产要同时满足以下两个条件:

（1）与该资源有关的经济利益很可能流入企业。

（2）该资源的成本或者价值能够可靠地计量。

3．资产的分类

企业的资产一般按其流动性，分为流动资产和非流动资产，具体分类如下。

（1）流动资产

流动资产指企业可以在一年或者超过一年的一个营业周期内变现或者运用的资产。它包括货币资金、交易性金融资产、应收及预付款项、存货。

（2）非流动资产

非流动资产是指流动资产以外的资产，包括对外投资、固定资产、无形资产及其他资产。

2.2.2 负债

负债是指企业过去交易或事项形成的、预期会导致经济利益流出企业的现时义务。负债实质上是企业在一定时期之后必须偿还的经济债务，其偿还期或具体金额在它们发生或成立之时就已由合同、法规所规定与制约，是企业必须履行的一种义务。负债代表着企业偿债责任和债权人对资产的求索权。

1．负债的特征

（1）负债是企业承担的现时义务。

（2）负债的清偿预期会导致经济利益流出企业。

（3）负债是由过去的交易或事项形成的。

【例2-4】 甲企业会计人员收到某单位提前开具的发票，该单位承诺下月支付购买甲材料的货款。甲企业会计人员将此笔业务于本月进行入账，确认为本月的负债，这种做法对吗？

例2-4中甲企业会计人员的做法是正确的，因为负债可以是预计的金额，而对方单位已经开具了发票，就是说其金额是可以确定的，可以作为到期付款的依据。因此，此笔款项可以作为应付账款入账，作为企业的一笔负债进行确认。

2．负债的确认条件

确认负债要同时满足以下两个条件：

（1）与该义务有关的经济利益很可能流出企业。

（2）未来流出的经济利益的金额能够可靠的计量。

3．负债的分类

负债按其流动性分为两类：流动负债和长期负债。负债的具体分类如下。

（1）流动负债

流动负债是指应该在一年内或者超过一年的一个营业周期内偿还的债务，包括短期借款、应付账款、应付票据、应付工资、预收账款、其他应付款、预提费用等。

（2）长期负债

长期负债是指应该在一年以上偿还的债务，包括长期借款、应付债券、长期应付款等。

2.2.3 所有者权益

所有者权益是指企业资产扣除负债后,由所有者享有的剩余权益。所有者权益是所有者对企业资产的剩余索取权,既可反映所有者投入资本的保值增值情况,又体现了保护债权人权益的理念。

所有者权益的来源包括所有者投入的资本、直接计入所有者权益的利得和损失、留存收益等。直接计入所有者权益的利得和损失,是指不应计入当期损益、会导致所有者权益发生增减变动的、与所有者投入资本或者向所有者分配利润无关的利得或者损失。

1. 所有者权益的特征

(1) 所有者权益在企业经营期内可供企业长期、持续地使用,企业不必向投资人返还资本金。而负债则须按期返还给债权人,是企业的负担。

(2) 企业所有人凭其对企业投入的资本,享受税后分配利润的权利。所有者权益是企业分配税后净利润的主要依据,而债权人除按规定取得利息外,无权分配企业的盈利。

(3) 企业所有人有权行使企业的经营管理权,或者授权管理人员行使经营管理权。但债权人并没有经营管理权。

(4) 企业的所有者对企业的债务和亏损负有无限的责任或有限的责任,而债权人与企业的其他债务不发生关系,一般也不承担企业的亏损。

【例 2-5】 荣发科技公司收到股东企业投入资金 500 万元,在工商部门依法进行登记后,公司打算暂时挪用资本金。这种做法对吗?

这种做法是不对的,按照相关规定,其资金本一旦投入企业,不可以挪作他用,不得随意抽回。

2. 所有者权益的确认条件

所有者权益的确认依赖于其他会计要素,尤其是资产和负债要素的确认。所有者权益的金额也主要取决于资产和负债的计量。

3. 所有者权益的构成

(1) 实收资本。企业的实收资本是指投资者按照企业章程或合同的约定,实际投入企业的资本。所有者向企业投入的资本,在一般情况下无须偿还,可以长期周转使用。

(2) 资本公积。企业的资本公积是指资本本身升值或其他原因而产生的投资者的共同权益。资本公积包括资本(或股本)溢价、接受捐赠资产、外币资本折算差额等。

① 资本(或股本)溢价,是指企业投资者投入的资金超过其在注册资本中所占份额的部分。

② 接受捐赠资产,是指企业因接受现金和非现金资产捐赠而增加的资本公积。

③ 外币资本折算差额,是指企业接受外币投资因所采用的汇率不同而产生的资本折算差额。

（3）盈余公积。企业的盈余公积是指企业从实现的利润中提取或形成的留存于企业内部的积累。

（4）未分配利润。企业的未分配利润是指企业留于以后年度分配的利润或待分配利润。

2.2.4　收入

收入是指企业在日常活动中所形成的、会导致所有者权益增加的、非所有者投入资本的经济利益的总流入。收入包括销售商品收入、劳务收入、让渡资产使用权收入、利息收入、租金收入、股利收入等，但不包括为第三方或客户代收的款项。

1. 收入的特征

（1）收入是在企业日常活动中形成的。日常活动，是指企业为完成其经营目标所从事的经常性的活动以及与之相关的活动。例如，工业企业制造并销售产品，商业企业销售商品等。

（2）收入会导致经济利益的流入。收入使企业资产增加或者负债减少，但这种经济利益的流入不包括由所有者投入资本的增加所引起的经济利益流入。

（3）收入最终导致所有者权益增加。因收入所引起的经济利益流入，使得企业资产的增加或者负债的减少，最终会导致所有者权益增加。

2. 收入的确认

确认收入要同时满足以下条件：

（1）与收入相关的经济利益很可能流入企业。

（2）经济利益流入企业的结果会导致企业资产增加或者负债减少。

（3）经济利益的流入额能够可靠计量。

【例 2-6】 企业出售和出租固定资产、无形资产的收入以及出售不需要的材料的收入是否应该确认为企业的收入？

例 2-6 中，出售固定资产、无形资产并非企业的日常活动，这种偶发性的收入不应确认为收入，应该作为营业外收入确认。而出租固定资产、无形资产在实质上属于让渡资产使用权。让渡资产使用权和出售不需要的材料的收入也属于企业日常活动中的收入，一般计入其他业务收入。

3. 收入的分类

收入按其取得的来源分为主营业务收入和其他业务收入。

（1）主营业务收入。主营业务收入又称基本业务收入，是指企业在主要的生产经营业务中产生的收入。例如，工业企业在生产和销售商品的过程中所取得的收入。

（2）其他业务收入。其他业务收入是指企业在主营业务以外的生产经营活动中产生的收入。例如，材料的出售收入、技术转让收入、固定资产的出租收入等。

2.2.5 费用

费用是指企业在日常活动中发生的、会导致所有者权益减少的、与向所有者分配利润无关的经济利益的总流出。

1. 费用的特征

（1）费用是在企业日常活动中发生的。日常活动中所发生的费用包括销售成本、职工薪酬、折旧费用等。

（2）费用会导致经济利益的流出。费用使企业资产减少或者负债增加，但这种经济利益的流出不包括向所有者分配利润引起的经济利益流出。

（3）费用最终导致所有者权益减少。因费用所引起的经济利益流出使得企业资产减少或者负债增加，最终会导致所有者权益减少。

2. 费用的确认条件

确认收入要同时满足以下条件：

（1）与费用相关的经济利益很可能流出企业。

（2）经济利益流出企业的结果会导致企业资产减少或者负债增加。

（3）经济利益的流出额能够可靠计量。

3. 费用的分类

费用可分为营业支出、期间费用和资产减值损失。

（1）营业支出

营业支出即营业成本和营业税金及附加。其中，营业成本是指已销售商品、已提供劳务等经营活动发生的生产（劳务）成本。生产成本包括直接费用和间接费用。

直接费用，是指为生产商品和提供劳务等发生的直接人工、直接材料、商品进价和其他直接费用。直接费用与营业收入有明确的因果关系，应直接计入生产经营成本，与营业收入进行配比。

间接费用，是指为生产商品、提供劳务而发生的共同性费用。这些费用同提供的商品与劳务也具有一定的因果关系，但需要采用一定的标准分配计入生产经营成本，并与营业收入相配比。

（2）期间费用

期间费用包括企业行政管理部门为组织和管理生产经营活动而发生的管理费用，为筹集资金等而发生的财务费用，为销售商品和提供劳务而发生的销售费用和为组织商品流通而发生的进货费用。由于期间费用与会计期间直接相关联，则期间费用与其发生期的收入相配比，在当期的利润中应全额予以抵减。

（3）资产减值损失

资产减值损失即资产已发生的不能带来经济利益的减值损失。

【例 2-7】 以鸿运机械公司为例，企业在年末处置一批废旧的机械设备时发生的净损失，是否可以确认为企业的费用？

例 2-7 中，处置固定资产而发生的损失，虽然会使所有者权益减少和经济利益的流出，但是不属于企业的日常活动，因此鸿运机械公司处置机械设备发生的费用不能确认为企业的费用，而应该确认为营业外支出。

2.2.6 利润

利润是指企业在一定会计期间的经营成果。利润包括收入减去费用后的净额、直接计入当期利润的利得和损失等。收入减去费用后的净额，反映了企业日常经营活动的业绩。直接计入当期利润的利得和损失，是指应当计入当期损益、会导致所有者权益发生增减变动的、与所有者投入资本或者向所有者分配利润无关的利得或者损失。

1. 利润的确认条件

利润的确认主要依赖于收入、费用、利得和损失的确认。利润金额取决于收入和费用、直接计入当期利润的利得和损失金额的计量。

2. 利润的分类

利润通常包括以下项目。

（1）营业利润。营业利润是指营业收入减去营业成本、营业税金及附加、期间费用和资产减值损失，加上公允价值变动收益（减损失）和投资收益（减损失）后的余额。

（2）利润总额。利润总额是指营业利润加营业外收支差额后的余额。

（3）净利润。净利润是指利润总额减去所得税费用后的差额。

以上六大会计要素，在《企业会计准则》中分别作了详细说明。会计要素的划分，是设置会计科目和账户、构筑基本会计报表框架的依据，在会计核算上具有重要的意义。

2.3 会计等式

会计等式是在会计核算中反映各个会计要素经济关系的数学表达式，又称会计方程式、会计平衡公式、会计恒等式。会计等式如下：

$$资产＝负债＋所有者权益$$

1. 会计等式的转化形式

企业在经济活动中取得收入的同时，会发生各种各样的费用。所以，企业在会计期间内的任一时点上，会计等式就转化为下面的形式：

$$资产＝负债＋所有者权益＋（收入－费用）$$

在会计期末，企业将收入与费用相配比，计算出利润或亏损。实现的税后净利润，按照利润分配的规定与顺序进行分配，一部分以利润的形式分配给投资者，作为投资者的收益；一部分以公积金的形式留归企业，作为企业发展生产，提高集体福利的资金；一部分以未分配利润的形式留存在企业，作为企业抵御风险的资金。利润在未支付给投资者之前形成了负债，公积金与未分配利润形成了所有者权益。在会计期间终了时，上述等式又恢复到转化前的会计等式：

$$资产＝负债＋所有者权益$$

2. 会计等式的重要作用

会计等式反映了会计基本要素(资产、负债、所有者权益)之间的基本的数量关系,即在任何一个时点上资产、负债、所有者权益之间都保持着数额相等的平衡关系。

会计等式揭示了会计要素之间的内在联系,会计等式是复式记账法的理论基础,也是资产负债表结构的理论依据。

3. 经济业务对会计等式的影响

1) 会计等式的恒等性

会计将企业的经济活动称为"经济业务"或"会计事项"。企业的经济业务会引起会计要素发生变化,但是,无论经济业务如何变化,都不会破坏会计等式的平衡关系,这便是会计等式的恒等性。

2) 经济业务发生后引起会计等式中有关项目变动的四种类型

在经济业务发生后,引起各项资产、负债和所有者权益增减变动的情况,有以下四种类型:

(1) 经济业务的发生引起会计等式左右两方项目的金额同时增加,双方项目增加的金额相等。即资产项目的金额增加,负债或所有者权益项目的金额增加。

(2) 经济业务的发生引起会计等式左右两方项目的金额同时减少,双方项目减少的金额相等。即资产项目的金额减少,负债或所有者权益项目的金额减少。

(3) 经济业务的发生引起会计等式左方项目之间的金额有增有减,增加与减少的金额相等。即资产项目之间的金额有增有减。

(4) 经济业务的发生引起会计等式右方项目之间的金额有增有减,增加与减少的金额相等。即负债项目之间的金额有增有减,或所有者权益项目之间的金额有增有减,或负债与所有者权益项目之间的金额有增有减。

2.4 会计假设

会计假设,也称会计的前提,是指在特定的经济环境中,根据以往的会计的实践和理论,对会计领域中尚未肯定的事项所做出的合乎情理的假说或设想。它是进行日常会计处理、提供信息使用者所需会计信息的必要前提。

会计假设的内容包括会计主体、持续经营、会计期间、货币计量。

1. 会计主体

会计主体是指会计所服务的特定单位。会计主体为会计工作规定了活动的空间范围。

(1) 会计主体核算的对象

会计主体核算的对象是本会计主体自身的财务活动,其他会计主体的财务活动不是本会计主体的核算范围。

(2) 会计主体假设的意义

会计主体为会计工作规定了活动的空间范围,就有利于会计人员站在特定会计主体的立场,确认资产、负债、所有者权益,计算利润或损失,提供准确的会计信息。

2. 持续经营

持续经营是指在正常的情况下,会计主体的生产经营活动将按照既定的目标持续地进行下去,在可以预见的将来,不会面临破产清算。持续经营为会计工作规定了活动的时间范围。它是会计主体假设的引申。

持续经营假设的意义:企业必须以持续经营作为会计核算的前提,会计原则、会计方法、会计程序才能建立在非清算的基础上。如果企业时刻面临破产清算,持续经营作为会计核算的前提不再存在,会计核算的方法和程序要建立在清算的基础上。

【例 2-8】 远洋公司因为资金原因而发生经营困难,即将面临倒闭,是否具备会计核算的条件?

例 2-8 中,远洋公司为即将倒闭的公司,就说明其不具备持续经营的会计假设,因此就不具备会计核算的基本条件。

3. 会计分期

根据持续经营的基本假设,企业的生产经营活动将连续不断地进行,我们应当合理地划分会计期间,也就是进行会计分期。会计分期是指将一个会计主体的经营活动划分为若干个连续的长短相等的期间。

(1)会计分期的时间界定

我国会计年度采用公历年度,自 1 月 1 日起至 12 月 31 日止。会计年度确定后,再确定会计季度和会计月份,以便正确组织会计工作。

(2)会计分期假设的意义

会计分期假设解决了会计核算过程中从何时开始,到何时为止的问题,也规定出了会计的报告期。有了会计期间假设,才会产生本期与非本期的界限,才会出现收付实现制与权责发生制两种记账基础,才能遵循收入与费用配比原则确定经营成果。

4. 货币计量

货币计量是指会计信息主要是以货币为计量尺度。

货币计量假设的意义:企业的经济活动用统一的货币计量单位进行全面、综合、连续的反映,为相关人员提供有用的信息。通过对经济业务的货币计量和核算,可以说明企业的财务状况及其变化;通过对货币收支的核算与比较,可以确定企业的经营成果。

2.5 会计信息质量要求

会计信息质量要求是对企业财务报告中所提供会计信息质量的基本要求,是使财务报告中所提供的会计信息对投资者等信息使用者决策有用应具备的基本特征。它主要包括真实性、相关性、明晰性、可比性、实质重于形式、重要性、谨慎性和及时性等,如图 2-2 所示。

会计信息质量的基本要求在会计工作中起着比较重要的作用,要熟练掌握。

1. 真实性

企业应当以实际发生的交易或者事项为依据进行会计确认、计量和报告,如实反映符

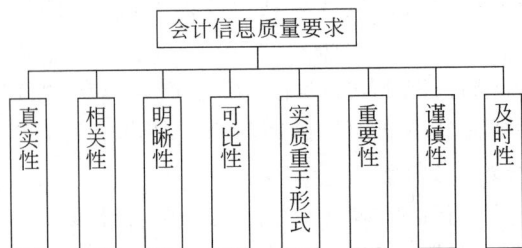

图 2-2　会计信息质量要求

合确认和计量要求的各项会计要素及其他相关信息,保证会计信息真实可靠,内容完整。

　　会计信息必须建立在如实反映和内容完整之上。会计信息如实反映的是企业实际发生的交易或事项,其程序是通过确认、计量与报告。这一点是同《企业会计准则——基本准则》第五条"企业应当对其本身发生的交易或事项进行会计确认、计量和报告"互相呼应的。《企业会计准则——基本准则》第十二条则进一步肯定所确认、计量和报告的交易与事项应当是企业实际发生的,排除了交易与事项的不确定性。

2. 相关性

　　企业提供的会计信息应当与财务会计报告使用者的经济决策需要相关,有助于财务会计报告使用者对企业过去、现在或者未来的情况做出评价或者预测。

　　为了使企业提供的会计信息对信息使用者有用,会计核算的整个过程必须与信息需要相关联。企业在选择会计核算程序和方法时必须考虑企业经营特点和管理的需要,设置账簿时要考虑有利于信息的输出和不同信息使用者的需要。

3. 明晰性

　　企业提供的会计信息应当清晰明了,以便于财务会计报告使用者理解和使用。

　　明晰性要求会计记录准确、清晰;填制会计凭证、登记会计账簿做到依据合法、账户对应关系清楚、文字摘要完整;在编制会计报表时,项目钩稽关系清楚、项目完整、数字准确。

4. 可比性

　　企业提供的会计信息应当具有可比性。同一企业不同时期发生的相同或者相似的交易或者事项,应当采用一致的会计政策,不得随意变更。确需变更的,应当在附注中说明。不同企业发生的相同或者相似的交易或者事项,应当采用规定的会计政策,确保会计信息口径一致、相互可比。

5. 实质重于形式

　　企业应当按照交易或者事项的经济实质进行会计确认、计量和报告,不应仅以交易或者事项的法律形式为依据。在会计核算过程中,可能会碰到一些经济实质与法律形式不吻合的业务或事项。例如,融资租入的固定资产,在租期未满以前,所有权并没有转移给承租人,但与该项固定资产相关的收益和风险已经转移给承租人,承租人实际上也能行使对该项固定资产的控制,因此承租人应该将其视同自有的固定资产核算。

　　遵循实质重于形式的要求,体现了对经济实质的尊重,能够保证会计核算信息与客观经济事实相符。

6. 重要性

企业提供的会计信息应当反映与企业财务状况、经营成果和现金流量等有关的所有重要交易或者事项。

企业的会计核算应遵循重要性的要求,在会计核算过程中对交易或事项应根据其重要程度,采用不同的核算方式。对资产、负债、损益等有较大影响,并进而影响财务会计报告使用者据以做出合理判断的重要会计事项,必须按照规定的会计方法和程序进行处理,并在财务会计报告中予以充分、准确地披露;对于次要的会计事项,在不影响会计信息真实性和不至于误导财务会计报告使用者做出正确判断的前提下,可适当简化处理。

7. 谨慎性

企业在对交易或者事项进行会计确认、计量和报告时,应当保持应有的谨慎,不应高估资产或者收益、低估负债或者费用。

遵循谨慎性要求的依据:一是会计环境中存在着大量不确定因素影响会计要素的精确确认和计量,必须按照一定的标准进行估计和判断;二是因为在市场经济中,企业的经济活动有一定的风险性,提高抵御经营风险和市场竞争能力需要谨慎;三是使会计信息建立在谨慎性的基础上,避免夸大利润和权益、掩盖不利因素,有利于保护投资者和债权人的利益;四是可以抵消管理者过于乐观的负面影响,有利于正确决策。

谨慎性成为对披露具有相关性和可靠性质量特征的会计信息的修订性要求。由于其在实务操作中存在着主观随意性,因而会影响会计信息的真实性和客观性。因此,谨慎性要求需适度运用。

8. 及时性

及时性要求企业对于已经发生的交易或者事项,应当及时地进行确认、计量和报告,不得随意提前和延后。

会计信息的价值就是帮助企业决策者或财务报告使用者做出合理的经济决策,具有时效性。即便是可靠、相关的会计信息,如果不及时提供,也可能失去了其价值。

2.6 会计的核算方法

会计核算方法是指对会计对象进行连续、系统、完整地确认、计量、记录和报告所采用的专门方法。会计核算方法构成会计循环过程。

会计核算方法主要包括设置会计科目和账户、填制和审核会计凭证、复式记账、登记会计账簿、成本计算、财产清查和编制财务会计报告等几种方法。

1. 设置会计科目和账户

会计科目和账户是对会计要素的分类,也是登记经济业务所必需的工具。有了会计科目和账户,就可以有序地将各项经济业务的数据登记入各个账户,从而分门别类地提供各种有用的数据和信息,供决策者使用。所以,设置会计科目和账户是会计核算的一种重要方法。会计科目和账户的相关内容,详见本章第 2.7 节。

2．填制和审核会计凭证

会计凭证是记录经济业务的书面证明,是登记账簿的依据。任何一项经济业务都必须按照实际发生和完成的情况,填制会计凭证,并经过会计人员的审核,确认无误后,才能根据其登记会计账簿。严格执行会计凭证制度是会计核算的一个重要特点,也是会计特有的一种专门方法。

3．复式记账

复式记账是现代会计采用的一种记账方法,已经有几百年的历史。它是指任何一项经济业务都要在两个或两个以上账户中进行登记。采用复式记账方法,能够全面、完整、相互联系地反映出经济业务,也便于检查账簿记录是否正确,它是一种比较科学的记账方法。复式记账的相关内容,详见本章第 2.8 节。

4．登记会计账簿

登记会计账簿也就是我们所说的记账。会计账簿是由专门格式的账页所组成的,用来开设账户,连续、系统地记录各项经济业务的簿籍。它可以为编制会计报表提供所需要的数据资料。登记会计账簿必须要以会计凭证作为依据,还要定期核对账目和结账,使账簿记录与实际情况保持一致,保证账簿记录的真实性和完整性。

5．成本计算

成本计算就是将经营过程中发生的全部费用,按照一定对象进行分配和归集,借以计算各对象的总成本和单位成本的专门方法。通过成本计算,可以考核各企业的物化劳动和活劳动的耗费程度,进而为成本控制、价格决策和经营成果的确定提供有用资料。

6．财产清查

财产清查是指定期或不定期地对财产物资、货币资金、往来结算款项进行清查盘点,以查明其实物量和价值量实有数额的一种专门方法。通过财产清查,可以保证账实相符,从而确保财务会计报告的数据真实可靠。同时,也是加强财产物资管理,充分挖掘财产物资潜力,明确经济责任,强化会计监督的重要制度。

7．编制财务会计报告

财务会计报告是根据账簿记录的数据资料,概括地反映各单位在一定时期经济活动情况及其结果的一种书面报告。编制财务会计报告是对日常核算的总结,是在账簿记录基础上对会计核算资料的进一步加工整理,也是进行会计分析、会计检查、会计预测和会计决算的重要依据。

2.7　会计科目及账户

会计科目是按照经济业务的内容和经济管理的要求,对会计要素的具体内容进行分类核算的科目。会计科目的设置可以把各项会计要素的增减变化分门别类地归集起来,使之一目了然,以便为企业内部经营管理和向有关方面提供一系列具体分类核算指标。

会计账户是根据会计科目开设的,具有一定结构,用来系统、连续地记载各项经济业务的一种手段。设置会计账户可以分门别类地记载各项经济业务、提供和日常会计核算资料和数据,为编制财务报告提供依据。

会计科目与会计账户的关系如表 2-1 所示。

表 2-1　会计科目与会计账户的关系

关系\类别	联　　系	区　　别
会计科目	会计科目是设置会计账户的依据,是会计账户的名称;会计账户是根据会计科目开设的,是会计科目的具体运用	会计科目只是会计要素具体内容的分类,本身无结构
会计账户	会计账户所登记的经济内容与会计科目所反映的经济内容是一致的。	会计账户具有一定结构,能具体反映会计要素增减变动情况

2.7.1　会计科目的分类

会计科目可以按照所归属的会计要素和提供核算指标的详细程度进行分类。

1. 会计科目按其所归属的会计要素进行分类

(1) 资产类科目:库存现金、银行存款、应收账款、预付账款、固定资产等。

(2) 负债类科目:应付账款、应付工资、应付福利费、短期借款、长期借款等。

(3) 所有者权益类科目:实收资本、资本公积、盈余公积、本年利润等。

(4) 成本类科目:制造费用、生产成本等。

(5) 损益类科目:是用来计算利润的科目,包括收入和费用两类。其中,收入类科目有主营业务收入、其他业务收入等;费用类科目有主营业务成本、营业费用、管理费用、财务费用等。

2. 会计科目按照提供核算指标的详细程度进行分类

(1) 总分类科目:也称为总账或一级科目,是对会计要素的内容进行总括分类,提供总括信息的会计科目,例如,"固定资产""库存商品"等。总账科目一般按照财政部门制定的统一会计制度规定设置。

(2) 明细分类科目:也称为明细科目,它是对总分类科目进行明细分类,提供更详细、更具体会计信息的科目。明细分类科目所反映的经济内容或提供的指标比较详细具体,是对总分类科目的具体化和详细说明。对于明细科目较多的科目,可在总分类科目与明细分类科目之间设置二级或者多级科目。明细科目的设置,除国家统一规定以外,各单位可根据本单位的具体情况和经济管理的需要自行设定。例如,为了详细反映企业的"原材料"科目,可分为"甲材料""乙材料"等二级会计科目。

2.7.2　常用的会计科目

我国《企业会计准则——应用指南》提供了会计科目设置的指引,具体如表 2-2 所示。企业在不违反会计准则中确认、计量和报告规定的前提下,可以根据本单位的实际情况自行增设、分拆、合并会计科目;企业不存在的交易或者事项,可不设置相关会计科目;会计科目编号供企业填制会计凭证、登记会计账簿、查阅会计账目、采用会计软件系统参考,企业可结合实际情况自行确定会计科目编号。

表 2-2　常用会计科目表

顺序号	编号	会计科目名称	会计科目适用范围说明
		一、资产类	
1	1001	现金	
2	1002	银行存款	
3	1003	存放中央银行款项	银行专用
4	1011	存放同业	银行专用
5	1015	其他货币资金	
6	1021	结算备付金	证券专用
7	1031	存出保证金	金融共用
8	1051	拆出资金	金融共用
9	1101	交易性金融资产	
10	1111	买入返售金融资产	金融共用
11	1121	应收票据	
12	1122	应收账款	
13	1123	预付账款	
14	1131	应收股利	
15	1132	应收利息	
16	1211	应收保户储金	保险专用
17	1221	应收代位追偿款	保险专用
18	1222	应收分保账款	保险专用
19	1223	应收分保未到期责任准备金	保险专用
20	1224	应收分保保险责任准备金	保险专用
21	1231	其他应收款	
22	1241	坏账准备	
23	1251	贴现资产	银行专用
24	1301	贷款	银行和保险共用
25	1302	贷款损失准备	银行和保险共用
26	1311	代理兑付证券	银行和证券共用
27	1321	代理业务资产	
28	1401	材料采购	
29	1402	在途物资	
30	1403	原材料	
31	1404	材料成本差异	
32	1406	库存商品	
33	1407	发出商品	
34	1410	商品进销差价	
35	1411	委托加工物资	

续表

顺序号	编号	会计科目名称	会计科目适用范围说明
36	1412	包装物及低值易耗品	
37	1421	消耗性生物资产	农业专用
38	1431	周转材料建造	承包商专用
39	1441	贵金属	银行专用
40	1442	抵债资产	金融共用
41	1451	损余物资	保险专用
42	1461	存货跌价准备	
43	1501	待摊费用	
44	1511	独立账户资产	保险专用
45	1521	持有至到期投资	
46	1522	持有至到期投资减值准备	
47	1523	可供出售金融资产	
48	1524	长期股权投资	
49	1525	长期股权投资减值准备	
50	1526	投资性房地产	
51	1531	长期应收款	
52	1541	未实现融资收益	
53	1551	存出资本保证金	保险专用
54	1601	固定资产	
55	1602	累计折旧	
56	1603	固定资产减值准备	
57	1604	在建工程	
58	1605	工程物资	
59	1606	固定资产清理	
60	1611	融资租赁资产	租赁专用
61	1612	未担保余值租赁专用	
62	1621	生产性生物资产	农业专用
63	1622	生产性生物资产累计折旧	农业专用
64	1623	公益性生物资产	农业专用
65	1631	油气资产	石油天然气开采专用
66	1632	累计折耗	石油天然气开采专用
67	1701	无形资产	
68	1702	累计摊销	
69	1703	无形资产减值准备	
70	1711	商誉	
71	1801	长期待摊费用	
72	1811	递延所得税资产	

续表

顺序号	编号	会计科目名称	会计科目适用范围说明
73	1901	待处理财产损益	
二、负债类			
74	2001	短期借款	
75	2002	存入保证金	金融共用
76	2003	拆入资金金融共用	
77	2004	向中央银行借款	银行专用
78	2011	同业存放	银行专用
79	2012	吸收存款	银行专用
80	2021	贴现负债	银行专用
81	2101	交易性金融负债	
82	2111	卖出回购金融资产款	金融共用
83	2201	应付票据	
84	2202	应付账款	
85	2205	预收账款	
86	2211	应付职工薪酬	
87	2221	应交税费	
88	2231	应付股利	
89	2232	应付利息	
90	2241	其他应付款	
91	2251	应付保户红利	保险专用
92	2261	应付分保账款	
93	2311	代理买卖证券款	证券专用
94	2312	代理承销证券款	证券和银行共用
95	2313	代理兑付证券款	证券和银行共用
96	2314	代理业务负债	
97	2401	预提费用	
98	2411	预计负债	
99	2501	递延收益	
100	2601	长期借款	
101	2602	长期债券	
102	2701	未到期责任准备	保险专用
103	2702	保险责任准备金	保险专用
104	2711	保户储金	保险专用
105	2721	独立账户负债	保险专用
106	2801	长期应付款	
107	2802	未确认融资费用	
108	2811	专项应付款	

续表

顺序号	编号	会计科目名称	会计科目适用范围说明
109	2901	递延所得税负债	
		三、共同类	
110	3001	清算资金往来	银行专用
111	3002	外汇买卖	金融共用
112	3101	衍生工具	
113	3201	套期工具	
114	3202	被套期项目	
		四、所有者权益类	
115	4001	实收资本	
116	4002	资本公积	
117	4101	盈余公积	
118	4102	一般风险准备	金融共用
119	4103	本年利润	
120	4104	利润分配	
121	4201	库存股	
		五、成本类	
122	5001	生产成本	
123	5101	制造费用	
124	5201	劳务成本	
125	5301	研发支出	
126	5401	工程施工	建造承包商专用
127	5402	工程结算	
128	5403	机械作业	
		六、损益类	
129	6001	主营业务收入	
130	6011	利息收入	金融共用
131	6021	手续费收入	金融共用
132	6031	保费收入	保险专用
133	6032	分保费收入	保险专用
134	6041	租赁收入	租赁专用
135	6051	其他业务收入	
136	6061	汇兑损益	金融专用
137	6101	公允价值变动损益	
138	6111	投资收益	
139	6201	摊回保险责任准备金	保险专用
140	6202	摊回赔付支出	保险专用
141	6203	摊回分保费用	保险专用

顺序号	编号	会计科目名称	会计科目适用范围说明
142	6301	营业外收入	
143	6401	主营业务成本	
144	6402	其他业务支出	
145	6405	营业税金及附加	
146	6411	利息支出	金融共用
147	6421	手续费支出	金融共用
148	6501	提取未到期责任准备金	保险专用
149	6502	提取保险责任准备金	保险专用
150	6511	赔付支出	保险专用
151	6521	保户红利支出	保险专用
152	6531	退保金	保险专用
153	6541	分出保费	保险专用
154	6542	分保费用	保险专用
155	6601	销售费用	
156	6602	管理费用	
157	6603	财务费用	
158	6604	勘探费用	
159	6701	资产减值损失	
160	6711	营业外支出	
161	6801	所得税	
162	6901	以前年度损益调整	

2.8 借贷记账法及借贷平衡

2.8.1 记账方法的分类

记账方法是在经济业务发生以后,如何将其记录登记在账簿中的方法。记账方法有以下两类。

1. 单式记账法

单式记账法是对发生的经济业务,一般只在一个账户中进行记录的记账方法。例如,用银行存款购买材料的业务发生后,仅在账户中记录银行存款的减少;也有同时在银行存款账和材料账之间记录的,但两个账户之间没有平衡相等的对应关系。单式记账法是一种比较简单、不完整的记账方法。它一般只设置"库存现金""银行存款""应收账款""应付账款"等账户,而没有一套完整的账户体系,账户之间也形不成相互对应的关系,所以不能全面、系统地反映经济业务的来龙去脉,也不便于检查账户记录的正确性。因此,单式记账法多在经济业务非常简单、单一的会计主体中使用。

2. 复式记账法

复式记账法是从单式记账法发展而来的。复式记账法是以资产与权益平衡关系作为记账基础,对于每一笔经济业务,都要在两个或两个以上相互联系的账户中进行相互联系地登记,系统地反映资金运动变化结果的一种记账方法。例如,上述用银行存款购买材料业务,按照复式记账,则应以相等的金额,一方面在银行存款账户中记录银行存款的付出业务;另一方面,在材料账户中记录材料收入业务。

1) 复式记账法的分类

复式记账法的种类有借贷记账法、增减记账法、收付记账法。

借贷记账法是目前世界各国通用的一种复式记账法。目前,我国的企业和行政、事业单位采用的记账方法都是借贷记账法。

2) 复式记账法的特点

复式记账法是以会计等式为依据建立的一种记账方法,与单式记账法相比较,复式记账法有不可比拟的优越性。其特点如下。

(1) 对于每一项经济业务,都在两个或两个以上相互关联的账户中进行记录。这样,在将全部经济业务都相互联系地记入各有关账户以后,通过账户记录不仅可以全面、清晰地反映出经济业务的来龙去脉,还能够全面、系统地反映经济活动的过程和结果。

(2) 由于每项经济业务发生后,都是以相等的金额在有关账户中进行记录,因而可据以进行试算平衡,以检查账户记录是否正确。

2.8.2 借贷记账法的账户结构

借贷记账法是指以"借""贷"二字为记账符号的一种复式记账方法。

借贷记账法产生于 12 世纪的意大利。当时由于海上贸易的不断发展,所使用货币的种类、重量和成色等日益复杂,通过银行转账结算便受到人们的普遍欢迎。银行为了办理转账结算业务,设计了"借""贷"两个记账方向,将债权记入"借"方,将债务记入"贷"方。到了 15 世纪初期,人们除增设了"资本""损益"账户外,又增设了"余额"账户,进行全部账户的试算平衡。随后借贷记账法传遍欧美,成为世界通用的记账方法。20 世纪初由日本传入我国,目前成为我国法定的记账方法。

1. 借贷记账法的记账符号

借贷记账法是以"借"和"贷"作为记账符号的复式记账法。因此,在借贷记账法下,账户的左方即"借"方,账户的右方即"贷"方,如图 2-3 所示。

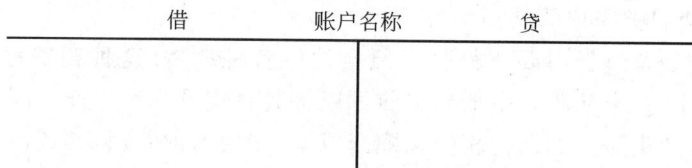

借	账户名称	贷

图 2-3 左方为"借"方,右方为"贷"方

在这里,"借"和"贷"作为记账符号,已不再具有其本身的含义,只用来反映经济业务事项的数量变化,"借"方和"贷"方所反映的经济业务事项数量变化的增减性质是不固定的,完全视具体账户的性质而定。但有一点是肯定的,就是对于任何一个账户,"借"和"贷"所反映的数量增减性质是相反的,即一方反映增加,则另一方必定反映其减少。

2. 借贷记账法下的账户结构

账户结构是反映账户内容的组成要素,账户的结构是由账户所反映的经济内容所决定的。不同性质的账户其结构中所反映的资金数量的增减方向也有所不同。究竟哪一方登记增加,哪一方登记减少,则要根据账户的性质和经济业务的具体内容而定。

(1) 资产类账户的结构

资产类账户的结构是资产的增加额记入账户的借方,资产的减少额记入账户的贷方,期末若有余额,一般在借方,表示资产的期末实有数额。资产类账户的结构如图 2-4 所示。

借方		资产类账户	贷方	
期初余额	×××			
本期增加额	×××	本期减少额	×××	
本期发生额合计	×××	本期发生额合计	×××	
期末余额	×××			

图 2-4　资产类账户的结构

资产类账户的期末余额的计算公式如下:

$$期末余额＝期初余额＋本期借方发生额－本期贷方发生额$$

(2) 负债、所有者权益类账户的结构

由会计等式"资产＝负债＋所有者权益"所决定,负债、所有者权益类账户的结构与资产类账户的结构正好相反,所以此类账户的贷方登记负债、所有者权益的增加额,借方登记负债、所有者权益的减少额,若期末有余额,一般在贷方,表示负债、所有者权益的现有数额。负债、所有者权益类账户的结构,如图 2-5 所示。

负债及所有者权益类账户期末余额的计算公式如下:

$$期末余额＝期初余额＋本期贷方发生额－本期借方发生额$$

(3) 成本、费用类账户的结构

企业在生产经营过程中要取得收入便会发生各种耗费,这种耗费称为成本或费用。发生的成本、费用,在未从收入中抵销之前可以将其看成是一种资产。因此,成本、费用类账户的结构与资产类账户的结构相同。即当成本、费用增加时,将其数额登记在账户的借方,当成本、费用减少或转销时,将其数额登记在账户的贷方,期末一般没有余额。若因某

借方		负债或所有者权益类账户	贷方	
		期初余额	×××	
本期减少额	×××	本期增加额	×××	
本期发生额合计	×××	本期发生额合计	×××	
		期末余额	×××	

图 2-5　负债、所有者权益类账户的结构

种原因而有余额时,其余额在借方,表示尚未转销的数额。成本、费用类账户的结构,如图 2-6 所示。

借方		成本、费用类账户	贷方	
本期增加额	×××	本期减少额	×××	
		本期转出额	×××	
本期发生额合计	×××	本期发生额合计	×××	

图 2-6　成本、费用类账户的结构

（4）收入、收益类账户的结构

收入、收益类账户的结构与负债、所有者权益类账户的结构相同。因为在成本、费用一定的条件下,收入、收益的增加可以视为所有者权益的增加。因此,收入、收益类账户又是所有者权益性质的账户。其贷方登记收入、收益的增加额,借方登记收入、收益的减少额或转销额,期末一般无余额。若因某种原因而有余额时,其余额在贷方,表示尚未转销的数额。收入、收益类账户的结构,如图 2-7 所示。

根据以上分述的各类账户结构,借贷记账法下借方、贷方所记录会计要素增减变动的情况可归纳如下。

借方记录：资产的增加、负债与所有者权益的减少、成本与费用的增加、收入的结转。

贷方记录：资产的减少、负债与所有者权益的增加、成本与费用的结转、收入的增加。

需要说明的是,账户余额的方向与账户中记录增加额的方向相同。如资产类账户的期末余额一般在借方,负债及所有者权益类账户的期末余额一般在贷方。因此,根据账户余额所在方向来判断账户的性质,成为借贷记账法的一个重要特征。

将账户结构分成两大类,主要是便于初学者掌握。但由于会计要素之间往往会相互转化,因而对这种分类的理解也不要绝对化。例如,应收账款是资产,如果多收了,多收部

借方	收入、收益类账户		贷方
本期减少额 本期转出额	×××	本期增加额	×××
本期发生额合计	×××	本期发生额合计	×××

图 2-7   收入、收益类账户的结构

分就转化成应退还给对方的款项,变为负债。另外,"应收账款"账户还可以登记预收账款这一负债项目的增减变动,因而期末余额也可能出现在贷方。类似情况在很多账户都存在。也就是说,这些账户实际上都是既反映资产,又反映负债;既反映债权,又反映债务的双重性质的账户。因此,学习中应注意对借贷记账法账户基本结构的深入理解和掌握。

2.8.3 借贷记账法的记账规则和会计分录

1. 借贷记账法的记账规则

借贷记账法的记账规则为:有借必有贷,借贷必相等。对于每一笔经济业务都要在两个或两个以上相互联系的账户中以借方或贷方相等的金额进行登记,力求反映经济业务和资金运动的来龙去脉。借贷记账法的记账规则具体表现在以下几个方面:

(1) 资产与权益同时增加,总额增加。

(2) 资产与权益同时减少,总额减少。

(3) 资产内部有增有减,总额不变。

(4) 权益内部有增有减,总额不变。

无论哪一类型的经济业务,都将以相等的金额记入有关账户的借方,同时记入相关账户的贷方。

现举例说明如下。

(1) 企业收到投资者投资 10 000 元,存入银行。此项业务中。一方面使资产类中的"银行存款"账户增加 10 000 元,记入该账户借方;另一方面使所有者权益类中的"实收资本"账户增加 10 000 元,记入该账户贷方,借贷金额相等。

(2) 企业用银行存款 5 000 元偿还短期借款。此项业务中,一方面使资产类中的"银行存款"账户减少 5 000 元,记入该账户贷方;另一方面使负债类中的"短期借款"账户减少 5 000 元,记入该账户借方,借贷金额相等。

(3) 企业以银行存款 3 000 元购买材料。此项业务中,一方面使资产类中"原材料"账户增加 3 000 元,记入该账户借方;另一方面使资产类中的"银行存款"账户减少 3 000 元,记入该账户贷方,借贷金额相等。

(4) 企业从银行借入短期借款 6 000 元,直接偿还应付账款。此项业务中,一方面使负债类中"短期借款"账户增加 6 000 元,记入该账户贷方;另一方面使负债类中的"应付账款"账户减少 6 000 元,记入该账户借方,借贷金额相等。

所以,在借贷记账法下,对任何类型的经济业务,都一律采用"有借必有贷,借贷必相等"的记账规则,若遇到复杂的经济业务,需要登记在一个账户的借方和几个账户的贷方,或相反,即"一借多贷"或"多借一贷",借贷双方的金额也必须相等。

2. 会计分录

为了更好地理解和掌握借贷记账法的记账规则,必须学习书写会计分录,即学习如何通过书写会计分录把发生的经济业务记录下来,这是会计学习中极为重要的环节。

首先了解会计分录的概念,会计分录是指对经济业务所涉及的账户名称、金额和应借应贷方向进行的记录,简称"分录"。借贷记账法应用的第一步是根据经济业务发生或完成时取得的原始凭证,编制会计分录。在实际工作中会计分录是写在记账凭证中,作为记账的依据。一个完整的会计分录应包括:账户的名称,即会计科目;记账符号,即记账方向,应记账户的借方或贷方;记账的金额。会计分录的具体编制方法归纳如下。

(1)根据经济业务的内容,确定经济业务所涉及的账户及其性质。

(2)分析涉及的资金是增加还是减少。

(3)根据账户的性质和资金的增减,确定应计入相关账户的借方还是贷方。

(4)确定各账户应记的金额。

(5)按照"先借后贷"的顺序编制会计分录。

【例 2-9】 圆通公司经董事会批准将 100 000 元的资本公积金转增资本。

借:资本公积   100 000

    贷:实收资本   100 000

此项经济业务,应使用"资本公积"和"实收资本"两个会计科目;"资本公积"科目与"实收资本"科目均属于所有者权益类。所有者权益类账户的减少应记入借方,所有者权益类账户的增加应记入贷方;记入"资本公积"账户的减少额与记入"实收资本"账户的增加额相同,均为 100 000 元。

2.8.4 借贷记账法的试算平衡及应用

在会计核算中,根据会计等式"资产=负债+所有者权益"的平衡关系,按照记账规则的要求,检查和验证账户记录是否正确的方法,在会计上称为试算平衡。借贷记账法的试算平衡有两种方法,即发生额试算平衡与余额试算平衡。

1. 发生额试算平衡

发生额试算平衡是用来检查全部账户的借方发生额与贷方发生额是否相等的方法。发生额试算平衡的计算公式如下:

$$\sum(\text{各账户本期借方发生额}) = \sum(\text{各账户本期贷方发生额})$$

2. 余额试算平衡

余额试算平衡是用来检查全部账户的借方期末余额与贷方期末余额是否相等的方法。余额试算平衡的计算公式如下:

$$\sum（各账户借方期末余额）＝\sum（各账户贷方期末余额）$$

借贷记账法的试算平衡通过编制总分类账户试算平衡表进行,其格式有总分类账户发生额试算平衡表、总分类账户余额试算平衡表,或者将两表合一,编制一张试算平衡表,即总分类账户发生额及余额试算平衡表。

3. 借贷记账法的应用

盛大公司 2005 年 1 月份在结转损益前发生如下经济业务,编制相应的会计分录。

（1）1 月 5 日向银行取得生产周转借款 100 000 元。

借：银行存款	100 000
贷：短期借款	100 000

（2）1 月 8 日签发现金支票提取现金 5 000 元,以备零用。

借：现金	5 000
贷：银行存款	5 000

（3）1 月 9 日签发转账支票 6 000 元,购买材料一批,料到入库。

借：原材料	6 000
贷：银行存款	6 000

（4）1 月 10 日签发转账支票 3 000 元,归还前欠货款。

借：应付账款	3 000
贷：银行存款	3 000

（5）1 月 12 日收到购货方大宇公司归还货款 3 000 元,存入银行。

借：银行存款	3 000
贷：应收账款——大宇公司	3 000

（6）1 月 14 日行政科王凯出差预借差旅费 1 000 元,以现金支付。

借：其他应收款——备用金	1 000
贷：现金	1 000

（7）1 月 15 日生产车间领用材料 14 500 元,用于生产产品。

借：生产成本	14 500
贷：原材料	14 500

（8）1 月 15 日投资者投入机器一台,价值 100 000 元。

借：固定资产	100 000
贷：实收资本	100 000

（9）1 月 16 日销售产品一批,价款 50 000 元,款项收到并存入银行。

借：银行存款	50 000
贷：营业收入	50 000

（10）1 月 25 日结算本月应支付职工工资 10 000 元。其中,生产工人工资 6 000 元,车间管理人员工资 1 000 元,管理部门人员工资 3 000 元。

借：生产成本	6 000
制造费用	1 000
管理费用	3 000

	贷：应付工资	10 000

（11）1月25日 签发转账支票支付水电费2 000元，其中车间耗用1 500元，管理部门耗用500元。

	借：制造费用	1 500
	管理费用	500
	贷：银行存款	2 000

（12）1月26日结转制造费用2 500元（生产车间仅生产一种产品）。

	借：生产成本	2 500
	贷：制造费用	2 500

（13）1月26日产品完工入库，完工产品成本60 000元。

	借：产成品	60 000
	贷：生产成本	60 000

（14）1月26日行政科王凯出差归来，报销差旅费850元，并交还未用的现金150元。

	借：管理费用	850
	现金	150
	贷：其他应收款——备用金	1 000

（15）1月26日以现金支付销售费用600元。

	借：销售费用	600
	贷：现金	600

（17）1月28日结转已销产品成本30 000元。

	借：营业成本	30 000
	贷：产成品	30 000

课后思考题

1. 会计对象有哪些？
2. 会计要素包括哪些内容？
3. 会计等式的内容是什么？
4. 会计的核算方法有哪些？
5. 会计记账方法有哪些分类？
6. 借贷记账法的记账规则是什么？

第 3 章 会计凭证的使用和管理

【本章学习目标】
- 了解会计凭证的传递、装订、保管。
- 理解会计凭证的作用。
- 掌握原始凭证和记账凭证的种类、编制、审核。

3.1 会计凭证的作用

会计凭证是记录经济业务、明确经济责任的书面证明,也是登记账簿的依据。

会计管理工作要求会计核算提供真实的会计资料,强调记录的经济业务必须有根有据。因此,任何企业、事业和行政单位,每发生一笔经济业务,都必须由执行或完成该项经济业务的有关人员取得或填制会计凭证,并在凭证上签名或盖章,以对凭证上所记载的内容负责。例如,购买商品、材料由供货方开出发票;支出款项由收款方开出收据;接收商品、材料入库要有收货单;发出商品要有发货单;发出材料要有领料单等。这些发票、收据、收货单、发货单、领料单都是会计凭证。

填制和审核会计凭证是会计核算方法之一,也是会计核算工作的基础。填制和审核会计凭证在经济管理中的重要作用表现在以下几个方面。

1. 会计凭证能够正确反映每一笔经济业务的发生和完成情况

各经济单位在日常的生产经营活动中,会发生各种各样的经济业务,如各项资产的取得和使用、各项债务的发生和偿付、财务成果的形成和分配等,既有货币资金的收付,又有财产物资的进出。通过会计凭证的填制,可以将日常发生的大量经济业务真实地记录下来,及时地反映各项经济业务的发生和完成情况,为经营管理提供有用的会计信息。

2. 会计凭证可以为登记账簿提供依据

为了保证会计账簿资料的真实性、可靠性,对单位发生的每一项经济业务都必须及时取得或填制会计凭证,然后根据审核无误的会计凭证登记入账,这样就可以把经济业务的发生和完成情况正确及时地反映在会计凭证上,并为登记账簿提供可靠的依据。

3. 会计凭证有利于明确各个职能部门、各个经办人员的经济责任

会计凭证的填制和审核强化了经济管理的岗位责任制。在会计凭证中,列明了经济业务发生的日期、内容、数量、金额以及有关经办人员的签名盖章等。这样就可以明确各经办单位及人员所负的责任,从而加强他们的责任感。一旦发生了差错和纠纷,也可以借助会计凭证进行正确的裁决,从而增强业务人员的责任心。

4. 会计凭证有利于发挥会计的监督作用

通过填制和审核会计凭证,可以检查每项经济业务是否真实、正确、合法、合规、合理,及时发现经济管理上的不足之处和各项管理制度上的漏洞,从而采取必要的措施来改进工作。

3.2　会计凭证的种类

经济业务的纷繁复杂决定了会计凭证是多种多样的。为了正确地使用和填制会计凭证,必须对会计凭证进行分类。会计凭证按照编制的程序和用途不同,分为原始凭证和记账凭证。会计凭证的种类,如图 3-1 所示。

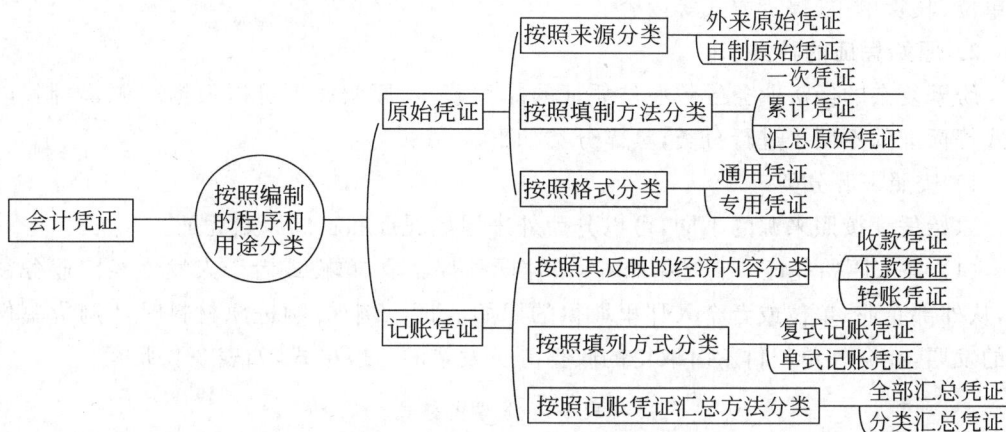

图 3-1　会计凭证的种类

3.2.1　原始凭证

原始凭证又称单据,是在经济业务发生或完成时取得或填制的,用以记录或证明经济业务的发生或完成情况的文字凭据。它不仅能用来记录经济业务发生或完成情况,还可以明确经济责任,是进行会计核算工作的原始资料和重要依据,是会计资料中最具有法律效力的一种文件。

1. 原始凭证的基本内容

企业发生的经济业务纷繁复杂,反映其具体内容的原始凭证也品种繁多。虽然原始凭证反映经济业务的内容不同,但无论哪一种原始凭证,都应该说明有关经济业务的执行和完成情况,都应该明确有关经办人员和经办单位的经济责任。因此,虽然各种原始凭证的名称和格式不同,但都应该具备一些共同的基本内容。这些基本内容就是每一张原始凭证所应该具备的要素。原始凭证必须具备以下基本内容:

（1）原始凭证的名称。

（2）填制原始凭证的日期和凭证编号。

（3）接受原始凭证的单位名称。

（4）经济业务内容，如品名、数量、单价、金额大小写。

（5）经济业务的内容摘要。

（6）填制原始凭证的单位名称和填制人姓名。

（7）经办人员的签名或盖章。

在实际工作中，根据经营管理和有些特殊业务的需要，除了上述的基本内容之外，也可以增加其他必要的内容。对于不同的单位经常发生共同性的经济业务，有关部门也可以制定统一的原始凭证格式。例如，中国人民银行统一制定的银行转账业务结算凭证，凭证上标明了结算双方企业的名称、账号等内容；铁道部统一制定的铁路货运单，标明了发货单位、收货单位、提货方式等内容。

2．原始凭证的种类

纷繁复杂的经济业务导致原始凭证的品种繁多，原始凭证可以根据来源、填制方法、格式等标准的不同来进行分类，具体分类如下。

1）按照来源分类

原始凭证按照来源的不同，可以分为外来原始凭证和自制原始凭证。

（1）外来原始凭证。它是指企业、单位同外部企业、单位或者个人发生经济业务往来时，从外部企业、单位或者个人那里取得的原始凭证。例如，购进原材料时从购货单位取得的发票，在向外单位付款时取得的收据等。发票的一般格式，如表 3-1 所示。

表 3-1　发票的格式

（单位名称）发票

××年 1 月 8 日

购买单位：瑞尔公司

品名及规格	单　位	数　量	单价（元）	金额（元）
甲材料	公斤	2 000	5	10 000
总计	人民币壹万元整			

收款单位发票专用章　　　　　　开票人：××　　　　　　收款人：××

（2）自制原始凭证。它是指本企业内部经办相关经济业务的部门以及经办人员，在执行或者完成某项经济业务时自行填制的、仅供本企业内部使用的原始凭证。常见的自制原始凭证有收料单、领料单、限额领料单、产品入库单、产品出库单、借款单、工资单、折旧计算表等。产品入库单的格式，如表 3-2 所示。

2）按照填制方法分类

原始凭证按照填制方法的不同，可以划分为一次凭证、累计凭证、汇总原始凭证。

表 3-2 产品入库单

收货部门：   收货编号：

年　　月　　日   收货仓库：

物料编号	物料名称及规格	收货仓库	计量单位	数　量	
				应收	实收
合计					

验收人：   审核人：   交货人：   制单人：

　　一次凭证是指一次填制完成的原始凭证。它反映一笔经济业务或同时反映若干同类经济业务的内容。外来原始凭证一般均属一次凭证，自制原始凭证中大多数也是一次凭证。日常的原始凭证多属此类，如"现金收据""发货票""收料单""领料单"等。一次凭证能够清晰地反映经济业务活动情况，使用方便灵活，但数量较多。领料单的格式，如表 3-3 所示。

表 3-3 领料单

领料部门：   领料编号：

领料用途：   年　　月　　日   发料仓库：

材料编号	材料名称及规格	计量单位	数　量		单价	金额
			请领	实领		
备注					合计	

发料人：   审批人：   领料人：   记账：

　　累计凭证，是指在一张凭证上连续登记一定时期内不断重复发生的若干同类经济业务，直到期末才能填制完毕的原始凭证。累计凭证可以连续登记相同性质的经济业务，随时计算出累计数及结余数，期末按实际发生额记账。常见的累计凭证有"费用限额卡"、"限额领料单"等。如企业为了控制材料领用而采用的"限额领料单"（见表 3-4）。

　　汇总凭证，也叫原始凭证汇总表，是指根据一定时期内反映相同经济业务的多张原始凭证，汇总编制而成的自制原始凭证，以集中反映某项经济业务总括发生情况。汇总原始凭证既可以简化会计核算工作，又便于进行经济业务的分析比较。"发出材料汇总表""现金收入汇总表""发料凭证汇总表"等都是汇总原始凭证。

　　"发出材料汇总表"的格式，如表 3-5 所示。

表 3-4　限额领料单

×× 工厂限额领料单

××年　月　日　　　　　　编号：

领料部门：　　　　　　　　发料仓库：

产品名称：　　　　　　　　计划产量：

材料编号：　　　　　　　　名称规格：

计量单位：　　　　　　　　领用限额：

日　期	请领数量	实发数量	累计实发数量	限额结余	领料人签章
累计实发金额					

供应部门负责人：　　　　　生产部门负责人：　　　　　仓库管理员：

表 3-5　发出材料汇总表

年　　月　　日

会 计 科 目	领料部门	领 用 材 料			
		原 材 料	包 装 物	低值易耗品	合　计
生产成本	一车间 二车间				
	小计				
	供电车间 供水车间				
	小计				
制造费用	一车间 二车间				
	小计				
管理费用	行政部门				

3）按照格式分类

原始凭证按其格式不同分类，可以分为通用凭证和专用凭证两种。

通用凭证是指全国或某一地区、某一部门统一格式的原始凭证。常见的通用凭证有由银行统一印制的结算凭证、税务部门统一印制的发票等。

专用凭证是指一些单位具有特定内容、格式和专门用途的原始凭证。常见的专用凭证有高速公路通过费收据、养路费缴款单等。

3. 原始凭证的填制要求

原始凭证是具有法律效力的证明文件，是进行会计核算的依据，必须认真填制。为了保证原始凭证能清晰地反映各项经济业务的真实情况，原始凭证的填制必须符合以下要求。

1）记录要真实

原始凭证上填制的日期、经济业务内容和数字必须是经济业务发生或完成的实际情况，不得弄虚作假，不得以匡算数或估计数填入，不得涂改、挖补。

2）内容要完整

原始凭证所需要填制的内容必须要完整，不得有漏项或者省略不填。填写日期应该按照经济发生之日填写，不能空着不填；名称要填写齐全，不得简化；品名或者用途要填写明确，不能含糊不清；有关人员的签章必须齐全。

3）手续要完备

企业自制的原始凭证必须有经办经济业务的部门和人员签名盖章；对外部单位开出的原始凭证必须加盖本单位公章；从外部单位取得的原始凭证，要注意看是否加盖了单位的印章（公章、财务章或者发票专用章）。只有手续完备了，才能更清楚地分清经济责任，才能够保证原始凭证的真实性和合法性。

4）填制要及时

所有业务的有关部门和人员，在经济业务实际发生或完成时，必须及时填写原始凭证，做到不拖延、不积压，不事后补填，并按规定的程序审核。

5）编号要连续

原始凭证要按顺序连续或分类编号，在填制时要按照编号的顺序使用，跳号的凭证要加盖"作废"戳记，连同存根一起保管，不得撕毁。

6）书写要清楚、规范

原始凭证中的文字、数字的书写都要清晰、工整、规范，做到字迹端正、易于辨认，不草、不乱、不造字。大小写金额要一致。复写的凭证要不串行、不串格、不模糊，一式几联的原始凭证，应当注明各联的用途。数字和货币符号的书写要符合下列要求。

（1）小写金额用阿拉伯数字逐个书写，不得连笔写。数字排列要整齐，数字之间的空格要均匀，不宜过大。此外阿拉伯数字的书写还应有高度的标准，一般要求数字的高度占凭证横格的1/2为宜。书写时还要注意紧靠横格底线，使上方能有一定的空位，以便需要进行更正时可以再次书写。

（2）阿拉伯数字前面应该书写货币币种或者货币名称简写和币种符号。币种符号与阿拉伯数字之间不得留有空白。凡阿拉伯数字前写有货币币种符号的，数字后面不再写货币单位。所有以元为单位的阿拉伯数字，除表示单价等情况外，一律填写到角分；无角分的，角位和分位写00或者符号"—"；有角无分的，分位应当写0，不得用符号"—"代替。在发货票等须填写大写金额数字的原始凭证上，如果大写金额数字前未印有货币名称，应当加填货币名称，然后在其后紧接着填写大写金额数字，货币名称和金额数字之间不得留有空白。

（3）汉字填写金额如零、壹、贰、叁、肆、伍、陆、柒、玖、拾、佰、仟、万、亿等，应一律用正楷或行书体填写，不得用〇、一、二、三、四、五、六、七、八、九、十等简化字代替。大写金额前未印有"人民币"字样的，应加写"人民币"三个字，"人民币"字样和大写金额之间不得留有空白。大写金额到元或角为止的，后面要写"整"或"正"字；有分的，不写"整"或"正"字。阿拉伯金额数字之间有0时，汉字大写金额应写"零"字；阿拉伯金额数字中间连续有几个

0时,大写金额中可以只写一个"零";阿拉伯金额数字元位为 0 或者数字中间连续有几个 0,元位也是 0,但角位不是 0 时,汉字大写金额可以只写一个"零"字,也可以不写"零"字。

增值税专用发票填制范例,如表 3-6 所示。

表 3-6   增值税专用发票

发票号:×××

购货单位	名称	宏远科技有限公司			纳税人登记号		×××	
	地址、电话	详细填写			开户银行及账号		按实际填写	
货物或应税劳务名称		计量单位	数量	单价	金额	税率	税额	
销售货物		吨	50.00	800.00	40 000.00	17%	6 800.00	
合计			50.00	800.00	40 000.00		6 800.00	
价税合计(大写)		人民币肆万陆仟捌佰元整					￥46 800.00	
销货单位	名称	德隆经销处			纳税人登记号		×××	
	地址、电话	详细填写			开户银行及账号		按实际填写	

第二联 发票联 购货方记账

开票日期:2015 年 08 月 28 日

4. 原始凭证的审核

任何原始凭证都必须经过严格的审核后,才能作为记账的依据,这是保证会计核算真实、正确的基础。根据国家统一会计制度规定,对原始凭证的审核主要有以下四个方面。

(1)真实性审核

真实性审核包括审核原始凭证本身是否真实以及原始凭证反映的经济业务事项是否真实两方面。真实性审核具体表现为确定原始凭证是否虚假、是否存在伪造或者涂改等情况;核实原始凭证所反映的经济业务是否发生过,是否反映了经济业务事项的本来面目等。

(2)合法性审核

合法性审核是指审核原始凭证所反映的经济业务事项是否符合国家有关法律、法规、政策和国家统一会计制度的规定,是否符合有关审批权限和手续的规定,以及是否符合单位的有关规章制度,有无违法乱纪、弄虚作假等现象。

(3)完整性审核

完整性审核是指根据原始凭证所反映基本内容的要求,审核原始凭证的内容是否完整,手续是否齐备,应填项目是否齐全,填写方法、填写形式是否正确,有关签章是否具备等。

(4)正确性审核

正确性审核是指审核原始凭证的摘要和数字是否填写清楚、正确,数量、单价、金额的计算有无错误,大写与小写金额是否相符。

检查原始凭证的方法很多,常用的方法是利用查账人员的经验,对凭证中所列各要素进行审阅,视其是否存在异常之处,发现其中可能存在的错弊;或者将原始凭证所反映的经济业务与实际情况进行比较,视其是否存在差异并分析差异的性质和原因;或者将不同时期同类原始凭证上的相同要素进行对比分析,寻找其中存在的明显变化,分析其是否具有业务依据和正当缘由。

原始凭证经过审核后,对于符合要求的原始凭证,及时编制记账凭证并登记账簿;对于手续不完备、内容记载不全或数字计算不正确的原始凭证,应退回有关经办部门或人员补办手续或更正;对于伪造、涂改或经济业务不合法的凭证,应拒绝受理,并向本单位领导汇报,提出拒绝执行的意见;对于弄虚作假、营私舞弊、伪造涂改凭证等违法乱纪行为,必须及时揭露并严肃处理。

【例 3-1】 经办人小王购买公司计算机耗材,支付款项后,对方开具的发票金额大写与小写不符,面对这种情况小王应如何处理? 可不可以在原发票上面进行修改?

解析:按照会计相关规定,原始凭证金额有错误的,需要对方单位重新开具,不可以在原发票上做修改。因此,小王需要将该张原始凭证退回,要求对方重新开具。

3.2.2 记账凭证

记账凭证又称分录凭证,是指依据审核无误的原始凭证或原始凭证汇总表,按照经济业务内容加以分类,据以确定会计分录,并作为登记账簿依据的一种会计凭证。

1. 记账凭证的基本内容

记账凭证种类繁多,格式不一,但其主要作用在于对原始凭证进行分类整理,按照复式记账的要求,运用会计科目,编制会计分录,据以登记账簿。因此,无论采用何种格式,记账凭证都必须具备以下基本内容:

(1) 记账凭证的名称。

(2) 填制单位的名称。

(3) 填制凭证的日期。

(4) 凭证的编号。

(5) 经济业务内容的摘要。

(6) 经济业务涉及的会计科目(包括一级科目、二级科目或明细科目)、记账方向和金额。

(7) 所附原始凭证的张数。

(8) 会计主管、制证、审核、记账等有关人员的签名或盖章。

2. 记账凭证的种类

由于会计凭证记录和反映的经济业务多种多样,因此,记账凭证也是多种多样的。记账凭证按不同的标志,可以分为不同的种类。

1) 按照其反映的经济内容分类

记账凭证按其反映的经济内容不同,可以分为收款凭证、付款凭证、转账凭证三种。

（1）收款凭证

收款凭证是指专门用于记录库存现金和银行存款收款业务的会计凭证，收款凭证是出纳人员收讫款项的依据，也是登记总账、库存现金日记账和银行存款日记账以及有关明细账的依据，一般按库存现金和银行存款分别编制。收款凭证的格式，如表3-7所示。

表 3-7　收款凭证的格式

借方科目：库存现金　　　　　　　　　××年3月1日　　　　　　　　现　字第 01 号

摘　要	贷方总账科目	明　细　科　目	记账符号	金额	
收到小王还款	应收账款	小王		500.00	附单据
					张
合　计				500.00	

财务主管：　　　　记账：　　　　出纳：　　　　审核：　　　　制单：

（2）付款凭证

付款凭证是指专门用以记录库存现金和银行存款付出业务的记账凭证，是根据库存现金或银行存款付出业务的原始凭证填制的。付款凭证又可以分为库存现金付款凭证和银行存款付款凭证。付款凭证是登记库存现金日记账与银行存款日记账以及有关明细账和总分类账的依据，也是出纳人员付出款项的依据。

付款凭证的格式，如表3-8所示。

表 3-8　付款凭证

贷方科目：银行存款　　　　　　　　　××年3月5日　　　　　　　　银　字第1号

摘　要	借方总账科目	明　细　科　目	记账符号	金额
购买办公计算机	固定资产	办公设备		5 000.00
合　计				5 000.00

财务主管：　　　　记账：　　　　出纳：　　　　审核：　　　　制单：

（3）转账凭证

用于记录不涉及库存现金和银行存款业务的会计凭证。它是根据有关转账业务的原始凭证填制。转账凭证是登记总分类账及有关明细分类账的依据。

转账凭证的格式，如表3-9所示。

2）按照填列方式分类

记账凭证按照填列方式的不同，可以分为复式记账凭证和单式记账凭证两类。

表 3-9 转账凭证

××年 3 月 31 日　　　　　　　　　　　　　　　　　　　　　　转　字第 1 号

摘　要	总账科目	明细科目	√	借方金额	√	贷方金额
结转本月管理费用入本年利润	本年利润			3 000.00		
	管理费用					3 000.00
合　　计				3 000.00		3 000.00

财务主管：　　　　记账：　　　　出纳：　　　　审核：　　　　制单：

（1）复式记账凭证

复式记账凭证是指将每一笔经济业务事项所涉及的全部会计科目及其发生额均在同一张凭证中反映的一种记账凭证。一张记账凭证上登记一项经济业务所涉及的两个或者两个以上的会计科目,既有"借"方,又有"贷"方。复式记账凭证优点是可以集中反映账户的对应关系,有利于了解经济业务的全貌;同时还可以减少凭证的数量,减轻编制记账凭证的工作量,便于检验会计分录的正确性。其缺点是不便于汇总计算每一会计科目的发生额和进行分工记账。在实际工作中,普遍使用的是复式记账凭证。上述介绍的收款凭证、付款凭证、转账凭证都是复式记账凭证。

（2）单式记账凭证

单式记账凭证是将一项经济业务所涉及的每个会计科目分别单独填制的记账凭证,每张记账凭证只登记一个会计科目,一项经济业务涉及几个会计科目就要填制几张记账凭证。其中,填列借方科目的称为借项记账凭证,填列贷方科目的称为贷项记账凭证。单式记账凭证便于分工记账,但是不能反映某项经济业务的全貌和所涉及的会计科目之间的对应关系。单式记账凭证的格式,如表 3-10 和表 3-11 所示。

表 3-10 借项记账凭证

2015 年 2 月 5 日　　　　　　　　　　　　　　　　　　　　　　记　字第 68 号

摘　要	总账科目	明细科目	账页	金　额
销售给 A 工厂甲产品一批	银行存款			50 000
对应总账科目：主营业务收入	合计			50 000

表 3-11 贷项记账凭证

2015 年 2 月 5 日　　　　　　　　　　　　　　　　　　　　　　记　字第 68 号

摘　要	总账科目	明细科目	账页	金　额
销售给 A 工厂甲产品一批	主营业务收入	甲产品		50 000
对应总账科目：银行存款	合计			50 000

例如,2015 年 2 月 5 日,企业销售商品一批,货款 50 000 元已经通过银行收取(相关税金略)。

3) 按照记账凭证汇总方法分类

记账凭证按照汇总方法不同,可以分为全部汇总凭证和分类汇总凭证两种。

（1）全部汇总凭证

为了简化登记总账的工作,将一段时间的记账凭证按照相同会计科目的借方或者贷方分别汇总,编制记账凭证汇总表（或称科目汇总表）,这张表即为全部汇总凭证（见表3-12）。

表3-12　科目汇总表

年　月　日至　　日　　　　　　　　　　　　　　　　编号：

科　目	凭证张数	借方金额	贷方金额	总账页次
银行存款		485 600	324 800	3
物资采购		163 200	152 100	8
（以下内容略）				
合　计		980 660	980 660	

会计主管：　　　记账：　　　审核：　　　制表：

（2）分类汇总凭证

分类汇总凭证是指定期按库存现金、银行存款及转账业务进行分类汇总而制成的记账凭证。例如,将收款凭证、付款凭证或转账凭证按一定的时间分期,然后进行分别汇总,编制出汇总收款凭证、汇总付款凭证或汇总转账凭证（见表3-13）。

表3-13　分类汇总凭证

（收款）　　　　　　　　　　　　　　　　　　　　　　　　（收）
（付款）凭证汇总表　　　　年　月　日至　　日　　　（付）字第　号
（转账）　　　　　　　　　　　　　　　　　　　　　　　　（转）

会 计 科 目	账 页 号	本期发生额		记账凭证号
		借　方	贷　方	
合　计				

会计主管：　　　记账：　　　审核：　　　制表：

3. 记账凭证的填制要求

收款凭证是根据有关库存现金和银行存款收款业务的原始凭证填制的。收款凭证的左上角"借方科目",应填写"库存现金"或"银行存款"科目；右上角应填写凭证的编号；"摘要"栏应填写所记录的经济业务的简要内容；"贷方科目"栏应填写与库存现金收入或银行存款收入相对应的一级科目和二级科目或明细科目；"金额"栏应填写库存现金与银行存款的收入金额；入账后要在"过账"栏打"√"或注明登记入账的页数,以防止重复记账或漏账;"附件张数"栏记录记账凭证所附的原始凭证张数。

付款凭证是根据有关库存现金和银行存款付款业务的原始凭证填制的。付款凭证的填制方法与收款凭证基本相同。不同的是凭证左上角应填列相应的贷方科目;"借方科目"栏应填写与库存现金付出或银行存款付出相应的一级科目和二级科目或明细科目。

对于库存现金与银行存款之间的相互划转业务,如从银行提取现金或将现金送存银行,一般只填制银行存款或库存现金的付款凭证,以避免重复记账。

转账凭证是根据转账业务的原始凭证编制的。转账凭证中一级科目和二级科目或明细科目应分别填列应借、应贷的一级科目和所属的二级科目或明细科目,借方科目的应记金额应在同一行的"借方金额"栏填列;贷方科目的应记金额应在同一行的"贷方金额"栏填列。"借方金额"栏合计数与"贷方金额"栏的合计数应相等。

填制记账凭证是一项重要的会计工作,为了便于登记账簿,保证账簿记录的正确性,填制记账凭证应符合以下要求。

(1) 阿拉伯数字要规范。每个数字要大小匀称,笔画流畅,每个数字独立成形,不能连笔;上不可顶格,其高度占合格的 1/2 至 2/3 的位置,要为更正错误数字留有余地。书写的每个数字一定要排列有序并有一定倾斜度,每一格只能写一个数字,更不能在数字中间留有空格。财务阿拉伯数字手写体标准,如图 3-2 所示。

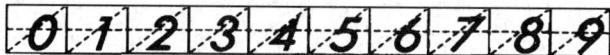

图 3-2　阿拉伯数字手写体标准图

(2) 凭证应按顺序编号。记账凭证必须按月分类连续编号。给记账凭证编号,是为了分清记账凭证处理的先后顺序,便于登记账簿和进行记账凭证与账簿记录的核对,防止会计凭证的丢失,并且方便日后查找。

无论哪一类编号,都必须做到按月、分类、依序。即每月第一天从第一号编起,顺序编到每月最后一天,不允许漏号、重号和错号。为防止记账凭证丢失,应在填制凭证当天及时编号。

采用复式记账的记账凭证一般是一张凭证编一个号。如果发生复杂的经济业务,需要连续编制两张或两张以上的记账凭证时,应加编分号。

(3) 凭证的摘要应当明确。摘要应当简洁明了,突出经济业务的核心和重点,不得含糊其辞,不得有误导性陈述,尽量避免内容烦琐。

(4) 会计科目的编制应当正确。记账凭证应填列会计科目名称或者科目名称及编号,不能只填科目编号,不写科目名称。需要登记明细账的还应注明二级科目和明细科目的名称,据以登账。出纳员一般只涉及收付款凭证,不涉及转账凭证。对于收款凭证,其借方应记"库存现金"科目,或"银行存款"科目;其贷方科目则应根据经济业务的内容和《企业会计准则》的规定具体确定。例如,提供劳务取得现金收入,在服务行业贷方科目应为"主营业务收入"科目。对于付款凭证,贷方科目为"库存现金"科目或"银行存款"科目;其借方科目则应根据经济业务的内容和《企业会计准则》的规定而具体确定。例如,工业企业用银行存款采购原材料,则其借方应记"原材料"科目。

(5) 凭证的金额必须准确。记账凭证金额填完后应加计金额合计数。记账凭证不论是一个会计科目还是若干个会计科目,或一个会计科目下有若干个明细科目,都应将一方的金额加计合计数后填写在相应的"合计"栏内。合计金额前应加注币值符号,如人民币符号"￥"。

(6) 金额平衡。记账凭证中的金额应保持平衡关系,即登记的借方金额应等于贷方金额,明细科目金额合计数等于总账科目金额合计数。

(7) 附件格式应保持一致。出纳人员可以根据每一张原始凭证单独填制记账凭证,也可以每天根据若干张同类的原始凭证汇总填制一张记账凭证,或者先将同类的原始凭证编制成一张汇总表,再根据该汇总表编制记账凭证。

(8) 所附原始凭证要齐全。记账凭证所记录的经济业务必须以能证明该项经济业务的原始凭证作为附件。凡是能证明经济业务内容的各种原始凭证,不论张数多少,都应按规定贴在该记账凭证后面。除结账和更正错误的记账凭证可以不附原始凭证外,其他记账凭证必须附有原始凭证。

如果一张原始凭证涉及几张记账凭证,可以把原始凭证附在一张主要的记账凭证后面,并在其他记账凭证上注明附有该原始凭证的记账凭证的编号或者附有原始凭证复印件等字样。

(9) 填制记账凭证时如果发生错误,应当重新填制。已经登记入账的记账凭证在当年内发生错误的,如果是使用的会计科目或记账凭证方向有错误,可以用红字金额填制一张与原始凭证内容相同的记账凭证,在摘要栏注明"注销某月某日某号凭证"字样,同时再用蓝字重新填制一张正确的记账凭证,在摘要栏注明"更正某月某日某号凭证"字样;如果会计科目和记账方向都没有错误,只是金额错误,可以按正确数字和错误数字之间的差额,另编一张调整的记账凭证,调增金额用蓝数字,调减金额用红数字。发现以前年度的金额有错误时,应当用蓝字填制一张更正的记账凭证。

(10) 凭证的签章。记账凭证填制完毕后,应由相关部门和人员签名并盖章,单位核算已实行电算化处理的,也应在已打印好的记账凭证上补齐有关签章。出纳在办理完款项收付后,除了签章明确经济责任外,还应立即加盖"收讫"戳记。

4. 记账凭证的审核

为了正确登记账簿和监督经济业务,除编制记账凭证的人员应当认真负责、正确填制、加强自审以外,同时还应建立专人审核制度。只有经过审核无误的记账凭证,才能据以登记账簿。记账凭证的审核主要包括以下几个方面的内容。

(1) 内容是否真实。审核记账凭证是否有原始凭证作为依据,所附原始凭证的内容是否与记账凭证的内容一致,记账凭证汇总表的内容与其所依据的记账凭证的内容是否一致等。

(2) 项目是否齐全。审核记账凭证各项目的填写是否齐全,如日期、凭证编号、摘要、金额、所附原始凭证张数及有关人员签章等。

(3) 科目是否准确。审核记账凭证的应借、应贷科目是否正确,是否有明确的账户对应关系,所使用的会计科目是否符合国家统一的会计制度的规定等。

（4）金额是否正确。审核记账凭证所记录的金额与原始凭证的有关金额是否一致、计算是否正确，记账凭证汇总表的金额与记账凭证的金额合计是否相符等。

（5）书写是否规范。审核记账凭证中的记录是否文字工整、数字清晰，是否按规定进行更正等。

3.3 会计凭证的传递

会计凭证的传递，是指各种会计凭证从填制、取得到归档保管为止的全部过程，即在企业、事业和行政单位内部有关人员和部门之间传送、交接的过程。各种会计凭证所记载的经济业务不同，涉及的部门和人员不同，办理的业务手续也不同，因此，应当为各种会计凭证规定一个合理的传递程序，即一张会计凭证填制后应交到哪个部门，哪个岗位，由谁办理业务手续等，直到归档保管为止。

会计凭证的传递是会计制度的一个重要组成部分，在会计制度中应当制定出明确的规定并且正确地组织会计凭证的传递，对于及时地处理经济业务和实行会计监督具有重要的意义。

1. 正确组织会计凭证的传递，有利于提高工作效率

通过会计凭证的传递，有利于及时地反映各项经济业务的发生或完成情况。通过会计传递程序就能把有关经济业务完成情况，及时地反映给有关部门和人员，以保证会计凭证按时送到财务会计部门，及时记账、结账，按规定编制会计报表。

2. 正确组织会计凭证的传递，能更好地发挥会计监督作用

通过会计凭证的传递，有利于正确地组织经济活动，贯彻经济责任制，通过正确地组织会计凭证的传递，能把本单位各有关部门和人员的活动紧密联系起来，明确分工协作关系，强化各工作的监督和制约作用，体现经济责任制度的执行情况。

会计凭证传递的组织工作主要包括以下几个方面的内容。

（1）规定会计凭证的传递程序

根据经济业务的特点，内部机构组织，岗位分工以及各职能部门利用这种凭证进行经济管理的需要，规定各种凭证的联数和传递程序，做到即使有关部门和人员了解经济业务的情况，及时办理凭证手续，又要避免不必要的环节，提高效率。

（2）确定会计凭证在各个环节停留的时间

根据有关部门或人员使用会计凭证办理业务手续对时间的合理需要，确定会计凭证在各个环节停留的时间，既要防止时间过久造成积压，又要防止时间过短造成草率从事。

（3）制定会计凭证传递过程中的交接签收制度

为保证会计凭证在传递过程中的安全完整，防止出现毁损、遗失或其他意外情况，应制定各个环节凭证传递的交接签收制度。

会计凭证传递办法是经营管理的一项重要规章制度，一经制定，有关部门和人员必须遵照执行。

3.4　会计凭证的保管

　　会计凭证的保管,是指会计凭证登账后的整理、归档存查。会计凭证是记账的依据,是重要的经济档案和历史资料,所以对会计凭证必须妥善整理和保管,不得丢失或任意销毁。

　　会计凭证整理保管的要求有以下几个方面。

　　(1) 各种记账凭证,连同所附原始凭证和原始凭证汇总表,要分类按顺序编号,定期(一天、五天、十天或一个月)装订成册,并加具封面、封底,注明单位名称、凭证种类、所属年月和起讫日期、起止号码、凭证张数等。为防止任意拆装,应在装订处贴上封签,并由经办人员在封签处加盖骑缝章。

　　(2) 对一些性质相同、数量很多或各种随时需要查阅的原始凭证,可以单独装订保管,在封面上写明记账凭证的时间、编号、种类,同时在记账凭证上注明"附件另订"。

　　(3) 各种经济合同和重要的涉外文件等凭证,应另编目录,单独登记保管,并在有关的记账凭证和原始凭证上相互注明日期以及编号。

　　(4) 其他单位因有特殊原因需要使用原始凭证时,经本单位领导批准,可以复制,但应在专门的登记簿上进行登记,并由提供人员和收取人员共同签章。

　　(5) 每年装订完成的会计凭证,在年度终了后,可暂时由会计机构保管一年,期满之后,应当由会计机构编制移交清单,移交本单位档案机构进行统一保管;未设立档案机构的,应当在会计机构内部指定专人保管,但出纳人员不得兼管会计档案。

　　(6) 会计凭证在归档后,应按年月日顺序排列,以便查阅。对已归档凭证的查阅、调用和复制,都应得到批准,并办理一定的手续。会计凭证在保管中应防止霉烂破损和鼠咬虫蛀,以确保其安全和完整。

　　(7) 会计凭证的保管期限。按照目前实施的《会计档案管理办法》规定,原始凭证、记账凭证、汇总记账凭证的保管期限是 15 年,银行对账单、银行存款余额调节表的保管期限为 5 年。

　　(8) 会计凭证的销毁。保管期满后的会计凭证,可按照规定程序进行销毁,但是保管期满而有未结清的债权债务的原始凭证或涉及其他未了事项的原始凭证,不得销毁,应当单独抽出立卷,保管到未了事项完成时为止。

3.5　练习编制会计凭证

　　【资料 1】　某单位 2015 年 5 月份发生下列经济业务。

　　(1) 5 月 3 日以现金购买办公用品,共计支付 800 元。办公用品交由办公室进行管理。

(2)5月9日购进一批原材料,货款合计5 000元,以转账支票支付。

(3)5月10日报销员工差旅费1 000元,以现金支付。

(4)5月13日开出现金支票,从开户银行提取现金20 000元。

(5)5月15日出售原材料收入300元,存入银行。

(6)5月20日收到客户交来的转账支票,结清上月欠款3 000元,已存入银行。

(7)5月27日报销办公室文员的交通费360元,以现金支付。

(8)5月30日本月的营业收入70 000元,存入银行。

根据以上发生的经济业务,编制记账凭证。

(1)此项经济业务是与库存现金有关的收付,所以编号为现字第1号。编制付款凭证,如表3-14所示。

表3-14　付款凭证

贷方科目:库存现金　　　　　　　2015年5月3日　　　　　　　现字第1号

摘　要	借方总账科目	明细科目	记账符号	千	百	十	万	千	百	十	元	角	分	
支付购买办公用品款	管理费用	办公费							8	0	0	0	0	附单据2张
合　计								¥	8	0	0	0	0	

财务主管:　　　记账:　　　出纳:　　　审核:　　　制单:

(2)此项经济业务为银行存款有关的收付业务,所以按照顺序应编为银字第1号。编制付款凭证,如表3-15所示。

表3-15　付款凭证

贷方科目:银行存款　　　　　　　2015年5月9日　　　　　　　银字第1号

摘　要	借方总账科目	明细科目	记账符号	千	百	十	万	千	百	十	元	角	分	
购进原材料	原材料						5	0	0	0	0	0		附单据9张
合　计							¥	5	0	0	0	0	0	

财务主管:　　　记账:　　　出纳:　　　审核:　　　制单:

(3)此项经济业务是与库存现金有关的收付,所以编号为现字第2号。编制付款凭证,如表3-16所示。

(4)根据会计制度规定,同时涉及库存现金及银行存款收付业务的,只填写付款凭证。本业务为从银行提取现金,只需编制付款凭证,如表3-17所示。

表 3-16　付款凭证

贷方科目：库存现金　　　　　　2015 年 5 月 10 日　　　　　　现字第 2 号

摘　要	借方总账科目	明细科目	记账符号	千	百	十	万	千	百	十	元	角	分	
支付员工差旅费	管理费用	差旅费						1	0	0	0	0	0	附单据5张
合　计							¥	1	0	0	0	0	0	

财务主管：　　　记账：　　　出纳：　　　审核：　　　制单：

表 3-17　付款凭证

贷方科目：银行存款　　　　　　2015 年 5 月 13 日　　　　　　银字第 2 号

摘　要	借方总账科目	明细科目	记账符号	千	百	十	万	千	百	十	元	角	分	
银行提现	现金						2	0	0	0	0	0	0	附单据1张
合　计							¥	2	0	0	0	0	0	0	

财务主管：　　　记账：　　　出纳：　　　审核：　　　制单：

（5）编制收款凭证，如表 3-18 所示。

表 3-18　收款凭证

借方科目：银行存款　　　　　　2015 年 5 月 15 日　　　　　　银字第 3 号

摘　要	贷方总账科目	明细科目	记账符号	千	百	十	万	千	百	十	元	角	分	
卖原材料的收入	其他业务收入							3	0	0	0	0		附单据1张
合　计								¥	3	0	0	0	0	

财务主管：　　　记账：　　　出纳：　　　审核：　　　制单：

（6）编制收款凭证，如表 3-19 所示。

表 3-19　收款凭证

借方科目：银行存款　　　　　　2015 年 5 月 20 日　　　　　　银字第 4 号

摘　要	贷方总账科目	明细科目	记账符号	千	百	十	万	千	百	十	元	角	分	
收到客户所欠款项	应收账款	顾客						3	0	0	0	0	0	附单据2张
合　计								¥	3	0	0	0	0	0	

财务主管：　　　记账：　　　出纳：　　　审核：　　　制单：

（7）编制付款凭证，如表 3-20 所示。

表 3-20　付款凭证

贷方科目：现金　　　　　　　　2015 年 5 月 27 日　　　　　　　　现字第 3 号

摘要	借方总账科目	明细科目	记账符号	金额										附单据2张
				千	百	十	万	千	百	十	元	角	分	
支付员工交通费	管理费用	交通费						3	6	0	0	0	0	
合　计								￥	3	6	0	0	0	

财务主管：　　　记账：　　　出纳：　　　审核：　　　制单：

（8）编制收款凭证，如表 3-21 所示。

表 3-21　收款凭证

借方科目：银行存款　　　　　　　2015 年 5 月 30 日　　　　　　　　银字第 5 号

摘要	贷方总账科目	明细科目	记账符号	金额										附单据1张
				千	百	十	万	千	百	十	元	角	分	
营业收入存入银行	营业收入						7	0	0	0	0	0	0	
合　计							￥	7	0	0	0	0	0	0	

财务主管：　　　记账：　　　出纳：　　　审核：　　　制单：

【资料 2】 接资料 1。

（1）5 月 30 日结转本月管理费用 2 160 元，转入"本年利润"科目。

（2）5 月 30 日结转本月营业收入 70 000 元，转入"本年利润"科目。

根据以上经济业务，编制转账凭证。

（1）编制转账凭证，如表 3-22 所示。

表 3-22　转账凭证

2015 年 5 月 30 日　　　　　　　　　　　　　　　　　　转字第 1 号

摘要	总账科目	明细科目	记账	千	百	十	万	千	百	十	元	角	分	记账	千	百	十	万	千	百	十	元	角	分	附单据1张
结转本月管理费用	本年利润		借				2	1	6	0	0	0														
	管理费用													贷				2	1	6	0	0	0		
				￥	2	1	6	0	0	0					￥	2	1	6	0	0	0				

财务主管：　　　记账：　　　出纳：　　　审核：　　　制单：

（2）编制转账凭证，如表 3-23 所示。

表 3-23　转账凭证

2015 年 5 月 30 日　　　　　　　　　　　　　转字第 2 号

摘要	总账科目	明细科目	记账	千	百	十	万	千	百	十	元	角	分	记账	千	百	十	万	千	百	十	元	角	分
结转本月收入	主营业务收入		借				7	0	0	0	0	0	0											
	本年利润													贷				7	0	0	0	0	0	0
						¥	7	0	0	0	0	0	0				¥	7	0	0	0	0	0	0

附单据 1 张

财务主管：　　　　记账：　　　　出纳：　　　　审核：　　　　制单：

课后思考题

1. 会计凭证的作用是什么？
2. 原始凭证包括哪些种类？
3. 记账凭证包括哪些种类？
4. 原始凭证和记账凭证填制要求是什么？
5. 会计凭证整理保管的要求有几个方面？
6. 练习编制会计凭证（编写会计分录即可）。

资料：伟昌公司 10 月份发生如下经济业务。

（1）向旺达工厂购进甲材料一批，货款 50 000 元和运杂费 3 000 元，已由银行存款支付，材料已验收入库。

（2）通过银行向明泰公司预付材料货款 60 000 元。

（3）收到投资者追加投资 200 000 元存入银行。

（4）销售员张亮预借差旅费 6 000 元，以现金付讫。

（5）领用甲材料一批，其中 A 产品耗用 200 000 元，管理部门一般耗用 6 000 元。

（6）从银行提现金 60 000 元，备发工资。

（7）以现金 60 000 元发放职工工资。

（8）向顺发公司销售 A 产品一批，货款 230 000 元尚未收到。

（9）收到光明公司预付的购货款 50 000 元，存入银行。

（10）销售员张亮回到公司报销差旅费 3 000 元，余款以现金交回。

（11）签发转账支票 3 000 元，支付行政管理部门办公费用。

（12）通过银行预付生产用房租金 9 000 元。

（13）以银行存款 900 元支付产品销售广告费。

（14）购货单位存入包装物押金，收到现金 300 元。

（15）以现金 5 000 元支付职工退休金。

（16）结算本月职工工资，其中生产 A 产品的工人工资 50 000 元，企业管理人员工资 20 000 元。

（17）计提产生用固定资产折旧 4 000 元，行政管理部门用固定资产折旧 2 000 元。

（18）按规定预提固定资产修理费。其中车间修理费 700 元，管理部门修理费 500 元。

（19）摊销本月房租资金 2 000 元。

（20）结转本月完工产品成本 320 000 元。

（21）结转已售产品生产成本 90 000 元。

（22）计算本月应交所得税 8 000 元。

（23）结转各收支账户于"本年利润"。

第 4 章

会计账簿概述

【本章学习目标】

- 了解会计账簿的基本内容、基本原则以及总账、日记账、明细账等常见账簿。
- 理解会计账簿的记账规则。
- 掌握新建企业建账和企业年初建账的方法。

4.1 设置会计账簿的意义

会计账簿简称账簿,是由具有一定格式、相互联系的账页所组成,用来序时、分类地全面记录一个单位经济业务事项的会计簿籍。设置和登记会计账簿,是重要的会计核算基础工作,是连接会计凭证和会计报表的中间环节,做好这项工作,对于加强经济管理具有十分重要的意义。

1. 通过账簿的设置和登记,记载、储存会计信息

将会计凭证所记录的经济业务记入有关账簿,可以全面反映会计主体在一定时期内所发生的各项资金运动,储存所需要的各项会计信息。

2. 通过账簿的设置和登记,分类、汇总会计信息

账簿由不同的相互关联的账户所构成,通过账簿记录,一方面可以分门别类地反映各项会计信息,提供一定时期内经济活动的详细情况;另一方面可以通过发生额、余额计算,提供各方所需要的总括会计信息,反映财务状况及经营成果。

3. 通过账簿的设置和登记,检查、校正会计信息

账簿记录是会计凭证信息的进一步整理。

4. 通过账簿的设置和登记,编制会计报表,输出会计信息

为了反映一定日期的财务状况及一定时期的经营成果,应定期进行结账工作,进行有关账簿之间的核对,计算出本期发生额和余额,据以编制会计报表,向有关各方提供所需要的会计信息。

4.2 会计账簿的基本内容

各单位均应按照会计核算的基本要求和会计规范的有关规定,结合本单位经济业务的特点和经营管理的需要,设置必要的账簿,并认真做好记账工作。各种账簿的形式和格式多种多样,但均应具备下列组成内容。

1. 封面

封面主要标明账簿的名称,如总分类账簿、现金日记账、银行存款日记账。

2. 扉页

扉页标明会计账簿的使用信息,其主要内容如图 4-1 所示。

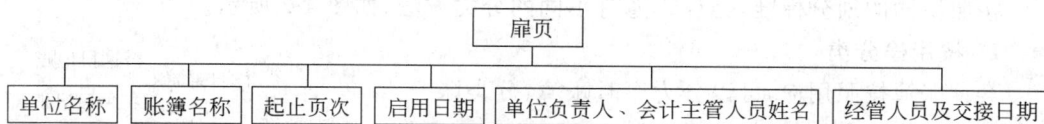

```
                            ┌──────┐
                            │ 扉页 │
                            └──────┘
   ┌────────┬────────┬────────┬────────┬──────────────────┬──────────────────┐
┌──────┐┌──────┐┌──────┐┌──────┐┌──────────────┐┌──────────────┐
│ 单位名称 ││ 账簿名称 ││ 起止页次 ││ 启用日期 ││单位负责人、会计主管人员姓名││经管人员及交接日期│
└──────┘└──────┘└──────┘└──────┘└──────────────┘└──────────────┘
```

图 4-1　扉页的内容

3. 账页

账页是指账簿用来记录经济业务事项的载体,其格式根据反映经济业务内容的不同而有所不同。账页的内容(见图 4-2)应当包括以下几个方面。

```
                        ┌──────┐
                        │ 账页 │
                        └──────┘
   ┌──────┬──────────┬──────────────┬──────┬────────────────────┬──────────┐
┌──────┐┌──────────┐┌──────────────┐┌──────┐┌────────────────────┐┌──────────┐
│账户名称││登记账簿的日期栏││作为记账依据的记账凭证的种类和号数栏││摘要栏││借方(或收入)栏、贷方(或支出)栏、余额(或结余)栏││总页次和分页次│
└──────┘└──────────┘└──────────────┘└──────┘└────────────────────┘└──────────┘
```

图 4-2　账页的内容

(1) 账户的名称,以及科目、二级或明细科目。

(2) 登记账簿的日期栏。

(3) 记账凭证的种类和号数栏。

(4) 摘要栏,所记录经济业务内容的简要说明。

(5) 金额栏,记录经济业务的增减变动和余额。

(6) 总页次和分户页次栏。

4.3　会计账簿设置的基本原则

每一个会计主体都应当根据本单位经济业务的特点和经营管理的需要,设置一套适合自己需要的会计账簿。设置账簿应当遵循下列原则。

(1) 账簿的设置要能保证全面、系统地反映和监督各单位的经济活动情况,为经营管理提供系统、分类的核算资料。

(2) 设置账簿要在满足实际需要的前提下,考虑人力和物力的节约,力求避免重复设账。

(3) 账簿的格式,要按照所记录的经济业务的内容和需要提供的核算指标进行设计,要力求简便实用,避免烦琐重复。

例如,企业是酒店行业,就要设置相应的原材料明细账、出入库明细账;如果是房地产行业,成本支出相对比较大,就要设置成本明细账。

4.4　会计账簿的分类

按照不同的划分标准,会计账簿有不同的分类方法,如图 4-3 所示。

1. 按用途分类

会计账簿按照用途,可以分为序时账簿、分类账簿和备查账簿三类。

1)序时账簿

序时账簿也称日记账,在古代会计中也称为"流水账",是根据经济业务发生或完成时间的先后顺序逐日逐笔连续登记的账簿。日记账按记录的内容不同,可以分为普通日记账和特种日记账两种。

2)分类账簿

分类账簿是指对经济业务按会计六要素分类而分别设置的分类账户而进行登记的账簿。

图 4-3　会计账簿的分类

分类账簿可以分为总分类账簿和明细分类账簿。按照总分类账户登记经济业务的是总分类账簿,也就是总账;按照明细分类账户登记经济业务的是明细分类账簿,也就是明细账。总分类账是反映总括的会计信息,明细分类账反映详细的会计信息,二者是相辅相成,互为补充的关系。

分类账簿全面反映有关资产、负债、所有者权益、收入、费用和利润的增减变动情况,是会计账簿的主体,也是编制会计报表的主要依据。

在实际工作中,分类账簿和序时账簿各司其职,各自发挥其不同的作用。序时账簿能够连续、系统地记录一定会计期间所发生的经济业务,所以可以反映企业资金运动的全貌;分类账簿则是按照经营需要而进行账户设置,对各类会计信息进行归集汇总,反映的是资金运动的各种具体的状态、形式及其构成。编制会计报表需要根据分类账簿才能完成,因此在会计账簿中,分类账簿占有特别重要的地位。

3)备查账簿

备查账簿也称辅助账簿,是对某些在序时账簿和分类账簿等主要账簿中都不予登记或登记不够详细的经济业务事项进行补充登记时使用的账簿。例如,租入固定资产备查账簿,是用来登记那些以经营租赁方式租入、不属于本企业的财产、不能计入本企业固定资产账户的机器设备,这些设备在本企业使用,就要设置备查账簿,以方便日常的核算和监督;应收票据贴现备查账簿是用来登记本企业已经贴现的应收票据,由于还存在着票据付款人到期不能支付票据款项而使本企业产生连带责任的可能性,而这些应收票据又不能在企业的序时账簿或分类账簿中反映,所以要设置备查账簿。

备查账簿与序时账簿、分类账簿相比,存在两点不同之处:一是登记依据可能不需要记账凭证,甚至不需要一般意义上的原始凭证;二是账簿的格式和登记方法不同,备查账

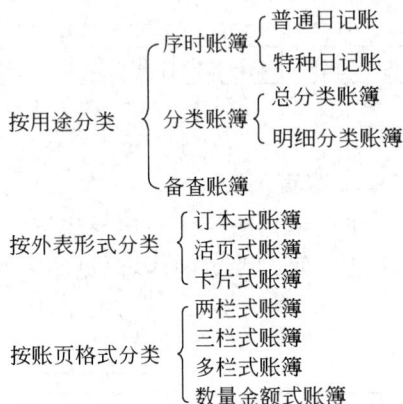

簿的主要栏目不记录金额,它更注重用文字来表述某项经济业务的发生情况,无固定格式。

备查账簿的设计,主要包括下列情形。

(1)财产物资的所有权不属于本企业,但是由企业暂时租入使用或者代为保管,应当设置相应的备查账簿。这一类备查账簿有租入固定资产登记簿,受托加工材料登记簿以及代销商品登记簿等。

(2)对同一业务需要进行多方面登记的备查账簿,一般适用于大宗的或者贵重的物资,如固定资产保管登记卡以及使用登记卡等。

(3)出于管理上的需要,某些事项必须通过备查簿予以反映,如经济合同的执行情况记录、贷款还款情况记录、重要空白凭证记录等。

2. 按外表形式分类

会计账簿按照外表形式,可以分为订本式账簿、活页式账簿和卡片式账簿三类。

(1)订本式账簿

订本式账簿,简称订本账,是在启用前将编有顺序页码的一定数量账页装订成册的账簿。

订本式账簿的优点是可以避免账页散失,防止账页被抽换,安全;其缺点是同一账簿在同一时间只能由一人登记,这样不便于会计人员分工协作记账。

订本式账簿主要适用于比较重要、业务量较多的账簿,如总分类账和库存现金日记账、银行存款日记账等。

(2)活页式账簿

活页账簿是在账簿登记完毕之前并不固定装订在一起,而是装在活页账夹中。当账簿登记完毕之后(通常是一个会计年度结束之后),才将账页予以装订,加具封面,并给各账页连续编号。

这类账簿优点是记账时可以根据实际需要,随时将空白账页装入账簿,或抽取不需要的账页,可根据需要增减账页,便于分工记账;其缺点是如果管理不善,可能会造成账页散失或被人故意抽换账页。

通常各种明细分类账一般采用活页账形式。

(3)卡片式账簿

卡片式账簿又称卡片账,是指由若干具有一定格式的硬质卡片组成,并按一定规则编号,放置在卡片箱里,随时可以取用或增添的账簿。卡片账实际上是一种更为灵活的活页账。采用卡片式账簿的优缺点与活页式账簿基本相同。

卡片式账簿主要适用于记录内容比较复杂、业务发生次数不多的财产明细账,如固定资产明细账等。

3. 按账页格式分类

会计账簿按照账页格式,可以分为两栏式账簿、三栏式账簿、多栏式账簿和数量金额式账簿四种。

（1）两栏式账簿

两栏式账簿是只有借方和贷方两个基本金额栏的账簿。普通日记账和转账日记账一般采用两栏式。

（2）三栏式账簿

三栏式账簿是设有借方、贷方和余额三个基本栏目的账簿。特种日记账、总分类账以及资本、债权、债务明细账都可采用三栏式账簿。三栏式账簿又分为设对方科目和不设对方科目两种形式，区别是在摘要栏和借方科目栏之间是否有一栏"对方科目"。

（3）多栏式账簿

多栏式账簿是在账簿的借方和贷方两个基本栏目按照需要分设若干个专栏的账簿。适用于收入、成本、费用、利润和利润分类明细账。例如，"生产成本""管理费用""营业外收入""本年利润"等的明细账一般采用多栏式账簿。

（4）数量金额式账簿

数量金额式账簿的借方、贷方和余额三个栏目内，都分设数量、单价和金额三小栏，分别反映财产物资的实物数量和价值量。原材料、库存商品、产成品、固定资产类明细账一般都采用数量金额式账簿。

4.5 常见账簿

会计人员在日常工作中，常见的账簿有总账、日记账、明细账三种。

4.5.1 总账

总账是总分类账的简称，是根据会计科目设置的，据以反映各个会计要素增减变动情况及其结果的账簿。它包括了所有经济业务的关键业务数据和账务数据，每一笔业务都根据总账凭证在总账中进行记载，每一个凭证的信息由业务发生时间、借方及贷方会计账户、各总账属性域、发生额、摘要等信息组成。总账是经济业务的最明细的结构化数据的集合。每一个企业都必须设置总分类账。

总账的登记是对各账户增减金额的登记。总账的一般格式是将金额分为借方发生额、贷方发生额和余额三栏，也称"三栏式总账"。总账可以根据记账凭证逐笔登记，也可以根据各种记账凭证汇总编制成的汇总记账凭证或科目汇总表进行登记。总账的格式如表4-1所示。

会计实务中还存在多栏式的总账。多栏式总账的格式就是将一个企业使用的全部总账的账户都设置在一张账页上。很显然，如果企业总账账户特别多的话，就会造成账页过长，不便于保管和记账，因此现在一般很少采用，在此不多作介绍。

表 4-1 总账的格式

总 账

账户名称：材料采购   单位：元

2015 年		凭 证		摘 要	借 方	贷 方	借或贷	余 额
月	日	种类	号数					
2	5	银付转	3	购入甲材料	12 000	44 600	借	12 000
2	12	账银付	1	购入乙材料	32 000		借	44 000
2	14	转账	4	支付材料运费	600		借	44 600
2	18		6	结转采购成本			平	0
2	28			合计	44 600	44 600		

4.5.2 日记账

日记账是按照经济业务发生的时间先后顺序，逐日逐笔登记经济业务的簿籍。日记账是由于管理上对会计信息的不同需要和分工记账要求所形成的账簿。在实际工作中，日记账主要有普通日记账和特种日记账两种。

1. 普通日记账

普通日记账是根据经济业务发生先后顺序，不论其性质如何，逐日逐笔编成会计分录，将全部经济业务进行登记的日记账。普通日记账既适用于设置特种日记账的企业，也适用于未设置特种日记账的企业。普通日记账通常把每天发生的经济业务按业务发生的先后顺序记入账簿中，依次作为登记分类账的依据。普通日记账的格式如表 4-2 所示。

表 4-2 普通日记账的格式

日 记 账

××企业   单位：元

2015 年		凭 证		摘 要	会计科目	借方金额	贷方金额	过账"√"
月	日	种类	号数					
1	3	银付	1	从银行提现	现金	1 000	1 000	√
1	4	银收	2	销售产品 100 件，单价 50 元	银行存款	5 850		√
					主营业务收入		5 000	√
					应交税费		850	√

采用普通日记账，每天应按经济业务发生或完成的时间先后顺序逐笔进行登记。

(1) 记入经济业务发生或完成的日期、会计凭证的种类。

(2) 在摘要栏内，对经济业务作简要的说明。

(3) 在会计科目栏内记入应借或应贷科目。

（4）将借方金额和贷方金额分别记入两个金额栏内。

每天还应根据日记账中应借应贷科目名称和金额登记总分类账，并将总分类账的页数记入过账栏内，或者打"√"，表示已经过账。

普通日记账的优点在于可以将每天发生的经济业务按发生顺序逐笔地加以反映。普通日记账的缺点是不便于分工记账，而且不能将不同的经济业务分类地加以归集和反映；由于逐笔过账，如果经济业务量大时，登记账簿工作量也大，过账工作也很烦琐。因此，这种日记账已很少使用。

2．特种日记账

特种日记账是专门用来记录某一特定项目经济业务发生情况的日记账。特种日记账将某一特定项目经济业务，按其发生的先后顺序记入账簿中，反映这一特定项目的详细情况。特种日记账包括库存现金日记账、银行存款日记账。

1）库存现金日记账

库存现金日记账是用来核算和监督库存现金每天的收入、支出和结存情况的账簿。库存现金日记账是由出纳人员根据与库存现金收付有关的记账凭证，按时间先后顺序逐日逐笔进行登记的。出纳人员登记库存现金日记账的具体步骤如下：

根据库存现金收款凭证和与库存现金有关的银行存款付款凭证（从银行提取库存现金的业务）登记库存现金收入；根据库存现金付款凭证登记库存现金支出；最后根据"上日余额＋本日收入－本日支出＝本日余额"的公式，逐日结出库存现金余额，并与库存现金实存数进行核对，以检查每日库存现金收付是否有误。

库存现金日记账的格式有三栏式和多栏式两种。

（1）三栏式库存现金日记账

三栏式库存现金日记账是按照库存现金收入、支出和结余，在日记账中分别设置收入栏、付出栏和结存栏。在我国的会计实务中，大都采用这种形式的日记账。三栏式库存现金日记账的格式，如表 4-3 所示。

表 4-3　三栏式库存现金日记账格式

库存现金日记账

单位：元

2015 年		凭证号		摘　要	对方科目	收入	支出	余额
月	日	字	号					
1	1			上年结转				6 000
1	5	现付	1	员工报销差旅费	管理费用		1 000	5 000
1	7	现付	2	购买办公用品	管理费用		600	4 400
1	9	银付	1	提取现金	银行存款	2 000		6 400
1	15	现付	3	员工借款	其他应收款		500	5 900
				本月合计		2 000	2 100	

三栏式库存现金日记账的优点不仅在于解决了分工记账问题，而且把大量重复发生的库存现金收、付款业务，集中在一本账簿中予以序时反映，有利于对这类经济业务发生

和完成情况进行管理和监督。其缺点是不能把对应账户的分类汇总情况加以反映。

（2）多栏式库存现金日记账

多栏式库存现金日记账是在三栏式库存现金日记账的基础上发展起来的。多栏式特种日记账克服了三栏式特种日记账的缺点。这种日记账的借方（收入）和贷方（支出）金额栏都按对方科目设置专栏，也就是按收入的来源和支出的用途设置专栏。这种格式在月末转账时，可以结出各收入来源专栏和支出用途专栏的合计数，便于对库存现金收支的合理性、合法性进行审核分析，便于检查财务收支计划的执行情况。其全月发生额还可以作为登记总账的依据。多栏式库存现金日记账的格式，如表4-4所示。

表4-4　多栏式库存现金日记账的格式

库存现金日记账（多栏式）

单位：元

2015年		凭证号		摘　要	对应科目（贷方）		现金收入合计	对应科目（借方）		现金支出合计	余额
月	日	种类	号数		银行存款	主营业务收入		其他应收款	应付工资		
2	1			期初余额							200
2	4	银付	1	提取现金	700		700				900
2	5	现付	1	预借旅费				500		500	400
2	7	银付	2	提取现金	13 600		13 600				400
2	9	现付	2	发放工资					13 600	13 600	400
				以下略							
2	28			本月合计	26 600		26 600	1 500	23 600	25 100	1 700

在登记多栏式库存现金日记账时，现金收入要按对应科目，将金额记入"对应科目（贷方）"栏内，同时记入"现金收入合计"栏内；现金支出要按对应科目，将金额记入"对应科目（借方）"栏内，同时记入"现金支出合计"栏内。每天现金收、付款业务登记完毕后，应在余额栏内结出现金余额。

多栏式库存现金日记账不仅具有三栏式日记账所具有的优点，而且在以库存现金日记账作为过账依据时，可以利用专栏将重复发生的同类经济业务汇总后一次过账，从而减少了过账工作。另外，各专栏的登记还可以提供有关业务的明细资料，供分析检查之用。其缺点是如果专栏过多，账页过长，就不便于记账。

2. 银行存款日记账

银行存款日记账是用来计算银行存款每天的收入、支出和结余情况的账簿。银行存款日记账，应按各种存款分别设置。银行存款日记账通常也是由出纳员根据审核后的有关银行存款收、付款凭证，逐日逐笔顺序登记的。对于现金存入银行的业务，存款的收入数，应根据库存现金付款凭证登记。每日终了，应分别计算银行存款收入、付出的合计数和本日余额，以便于检查监督各项收支款项，并便于定期同银行对账单逐笔核对。

与库存现金日记账一样，银行存款也可以设置三栏式或多栏式日记账，通常采用三栏式日记账。三栏式银行存款日记账的格式,如表 4-5 所示。多栏式银行存款日记账与多栏式库存现金日记账基本相同,不再赘述。

表 4-5 三栏式银行存款日记账的格式

银行存款日记账

第　页

2015 年		凭证		摘　　要	对方科目	收入	支出	余额
月	日	字	号					
1	1			上年结转				15 000
1	4	银付	1	支付货款	库存商品		4 500	10 500
1	8	银收	1	收到上月欠款	应收账款	3 000		13 500
1	11	银付	2	提取现金	现金		3 000	10 500
1	20	银付	3	缴纳税金	应交税金及附加		4 000	6 500
				本月合计		3 000	11 500	

4.5.3　明细账

　　明细账是明细分类账的简称,是根据总账科目所属的明细科目设置的,用于分类登记某一类经济业务事项,提供有关明细核算资料。它所提供的有关经济活动的详细资料,是对总分类账所提总括核算资料的必要补充,同时也是编制会计报表的依据。明细账的格式应根据各单位经营业务的特点和管理需要来确定。明细账常用三栏式、数量金额式和多栏式三种格式。

　　1. 三栏式明细账

　　三栏式明细账设置了借方、贷方、余额三栏,不设数量栏。它适用于那些只需要进行金额核算而不需要进行数量核算的债权、债务类结算账户。一般企业需要设置三栏式明细账的账户有应收账款、其他应收款、预付账款、应付账款、预收账款、其他应付款、应付工资、应交税金、应付福利费等往来账户。

　　以应收账款为例,会计人员需要将每个应收款企业都要分别列在不同的账页上,例如,标注:应收账款——胜利酒行、应收账款——鸿达公司等。以此类推,其他的往来账户也都是按照这种方法设置明细账。

　　三栏式明细账的格式,如表 4-6 所示。

　　2. 数量金额式明细账

　　数量金额式明细账在"收入、发出、结存"栏目下,一般还分别设有"数量、单价、金额"等专栏,用来登记财产物资的收入、发出和结存的数量和金额。数量金额式明细账适用于既要进行金额核算,又要进行数量核算的各种财产物资类科目的明细分类核算。例如,对"原材料""产成品""固定资产"等总账科目的明细分类核算,可采用数量金额式明细账。数量金额式明细账的格式,如表 4-7 所示。

表 4-6 三栏式明细账的格式

应 收 账 款

×级科目编号及名称 第　页

2015年		凭证		摘　要	借方	贷方	借或贷	余额
月	日	字	号					
1	1			上年结转			借	70 000
2	9	银	5	收到还款		30 000	借	40 000
2	18	银	6	支付往来款	5 000		借	45 000
				本月合计	5 000	30 000		

表 4-7 数量金额式明细账的格式

原材料明细账

类别：××材料 计量单位：千克

2015年		凭证		摘　要	借　方			贷　方			结　余		
月	日	字	号		数量	单价	金额	数量	单价	金额	数量	单价	金额
1	1			月初余额							1 000	10	10 000
1	5			购入原材料	2 000	10	20 000				3 000	10	30 000
1	10			车间领用				2 500	10	25 000	500	10	5 000
1	30			本月合计	2 000	10	20 000	2 500	10	25 000	500	10	5 000

以原材料为例,企业可以对各种类型的材料单独设置账页。通过设置的账页可以很清楚地显示该项材料的使用情况和结余情况,方便日后定期或者不定期地对原材料进行盘点。

3. 多栏式明细账

多栏式明细账是根据经济业务的特点和经营管理的需要,在一张账页的借方栏或贷方栏设置若干专栏,集中反映有关明细项目的核算资料。它主要适用于只记金额、不记数量,而且在管理上需要了解其构成内容的费用、成本、收入、利润账户,如"生产成本""制造费用""管理费用""主营业务收入"等账户的明细。"本年利润""利润分配"等科目所属明细科目则需采用借、贷方均为多栏式明细账。多栏式明细账的格式,如表4-8所示。

表 4-8 多栏式明细账的格式

管理费用明细账

第　页

2015年		凭证		摘　要	借　方						贷方	余额
月	日	字	号		工资	办公费	差旅费	折旧费	……	合计		
		现	1	发放工资	5 500					600		
		现	2	购买办公用品		600				5 500		
1	7	现	5	报销差旅费			300			300		
		转	4	计提折旧费				2 100		2 100		
				……								
				本月发生额	5 500	600	300	2 100		8 500	8 500	0

多栏式明细账是由会计人员根据审核无误的记账凭证或原始凭证，按照经济业务发生的时间先后顺序逐日逐笔进行登记的。对于成本费用类账户，只在借方设专栏，平时在借方登记费用、成本发生额，贷方登记月末将借方发生额一次转出的数额。若平时发生贷方发生额，应用"红字"在借方有关栏内登记，表示应从借方发生额中冲减。同样，对于收入、利润类账户，只在贷方设专栏，平时在贷方登记收入的发生额，借方登记月末将贷方发生额一次转让"本年利润"的数额，若平时发生借方发生额，应用"红字"在贷方有关栏内登记。

以管理费用为例，要分别设置办公费、业务招待费、通信费、差旅费、交通费、折旧费等。每个账户设置在一张账页中。按月结出余额，与总账进行核对。

4.6 账簿的启用和登记规则

4.6.1 登记账簿的依据

会计凭证是会计账簿登记的依据。为了保证账簿记录的真实和正确，必须根据经过严格审核无误的会计凭证登记账簿。经过审核作为登记会计账簿依据的会计凭证，应当是格式内容符合国家统一的会计制度的要求，并由记账人员、审核人员等签名或盖章的会计凭证，未经会计人员审核的会计凭证，不能作为登记账簿的依据。各单位每天发生的各种经济业务，都要记账。

4.6.2 登记账簿的时间

登记账簿的间隔时间应该多长，没有统一的规定，这要看本单位所采用的具体会计核算形式。总的来说是越短越好。一般情况下，总账可以三天至五天登记一次；明细账的登记时间间隔要短于总账，日记账和债权、债务类明细账一般一天就要登记一次。库存现金日记账、银行存款日记账，应根据收款记账凭证、付款记账凭证，随时按照业务发生顺序逐笔登记，每日终了应结出余额。经管库存现金和银行存款日记账的专门人员，必须每日掌握银行存款和库存现金的实有数，谨防开出空头支票和影响经营活动的正常用款。

4.6.3 账簿的启用规则

为了确保会计账簿记录的合法性和会计资料的真实性、完善性，明确经济责任，会计账簿应由专人负责登记。启用会计账簿应遵守以下规则。

1. 认真填写封面及账簿启用和经管人员一览表

启用会计凭证时应在账簿封面上写明单位名称和账簿名称，并在账簿扉页附账簿启用和经办人员一览表（简称"启用表"）。启用表的内容主要包括：账簿名称、启用日期、账簿页数、记账人员和会计机构负责人签章、单位公章。启用表的格式如表4-9所示。

表 4-9 启用表的格式

使用者名称				印 鉴
账簿名称				
账簿编号				
账簿页数				
启用日期				
责任者		主管	会计	记账	审核
经管人员姓名及接交日期	接管 年 月 日			
	交出 年 月 日			
	接管 年 月 日			
	交出 年 月 日			
	接管 年 月 日			
	交出 年 月 日			
	接管 年 月 日			
	交出 年 月 日			
备注				

2. 严格执行交接手续

记账人员或者会计机构负责人调动工作时,必须办理账簿交接手续,在账簿启用和经管人员一览表中注明交接日期、交接人员和监交人员姓名,并由双方交接人员签名或者盖章,以明确有关人员的责任,增强有关人员的责任感,维护会计记录的严肃性。

3. 及时结转旧账

每年年初更换新账时,应将旧账的各账户余额过入新账的余额栏,并在摘要栏中注明"上年结转"字样。

4.6.4 账簿的登记规则

登记账簿时,应遵循的规则如下。

(1) 登记账簿时,应当从会计凭证日期开始登记,然后登记编号,摘要部分要按照凭证所记抄下来,然后将金额等这些资料逐一地计入账簿内,同时记账人员要在记账凭证的记账符号栏注明已经登账的符号(画"√"符号),防止漏记、重记和错记情况的发生,同时记账人员还要在记账凭证上签名或者盖章。

(2) 每一种账簿要按账页的顺序进行连续登记,不得跳行、空页。如发生跳行、跳页,记账人员应将空行、空页画线注销,或者注明"此行空白"或"此页空白"字样,并签名或者盖章。

(3) 登记账簿时,要用蓝黑墨水或者碳素墨水进行书写。不得用圆珠笔或者铅笔书写。红色墨水只能用于制度规定的下列几种情况。

① 按红字冲销的记账凭证,冲销错误记录。

② 在不设减少金额栏的多栏式账页中,登记减少数。

③ 在三栏式账户的余额栏前,如果没有印有余额方向的,在余额栏内登记负数金额。

④ 会计制度中规定用红字登记的其他记录。

（4）在进行账簿登记时,账面要保持整洁、干净;书写要清楚、规范,书写时一般贴近空格底部填写,留有改错的空间。

（5）凡是需要结出余额的账户,应当定期结出余额。结出余额后,应该在"借或者贷"栏内写明"借"或"贷"的字样。没有余额的账户,应在该栏内写"平"字并在余额栏"元"位上用 0 表示。

（6）每登记满一张账页需要结转下一页时,应当计算出本页合计数和余额,写在本页的最后一行和下页第一行的有关栏内,并在本页的摘要栏内注明"转后页"字样,在下页的摘要栏内注明"承前页"字样。

（7）会计账簿记录如果有错误的,会计人员应当按照规定的办法进行更正,不允许用涂改、刮擦、挖补、药水消除字迹等手段更正错误。

4.7　新建企业建账的方法

在经济生活中,企事业单位都需要建账。由于企业建账在经济生活中更为常见,于是我们以企业为例来讲述建账的方法。

新建企业建账的时间是企业会计人员走马上任的时间,它不一定是在年初。财务会计部门建账时,并没有上年结转之类的会计处理业务。新建企业建账是把企业筹建过程发生的经济业务不断反映在账簿之中,在企业有了业务活动或收入后,再转为企业正常会计核算方式的。因此,新建企业的建账过程分为两个阶段:一是筹建阶段的建账;二是转为营业阶段（开展业务活动阶段）的建账。

1. 企业筹建阶段的建账

企业筹建阶段与营业阶段的业务在时间上是能够分清的。但是,在实际工作中,这些业务往往混在一起。这主要是因为,实际工作中,会计人员的上岗与企业筹建不能同步。特别是,等到企业筹建到一定阶段,管理人员才聘请会计专业人员开展会计核算工作,把有关的原始凭证转交到会计人员手里,要求建账。

企业筹建一般要经过投资（通过中介机构验资）、取得资质（取得监管部门批准营业许可证书,如图书经销公司要取得图书发行许可证、饭店要取得卫生许可证书等）、申请营业执照（到工商行政管理部门办理）、申请组织机构代码（到技术监督局申请组织机构代码）、取得登记证（到国税局或地税局办理）、银行开户等步骤,企业会计人员基本上是围绕上述活动建账和进行会计核算。对于新建企业建账,主要有以下几个步骤。

（1）审核原始凭证,并按其发生时间的先后顺序整理。企业取得或填制的原始凭证经过企业负责人和相关领导审核无误后,全部转到会计部门。会计人员应将这些原始凭证按取得或填制时间进行整理,根据企业业务量大小,选择记账凭证。业务量大的企业,根据原始凭证按定向经济业务分类,分别按收款凭证、付款凭证和转账凭证编制记账凭证;业务量少的企业,可以不分经济业务类型,只编制一种记账凭证即可。

(2)购买账簿并建账。目前,一些地方实行账簿监管。对于实行账簿监管的地方,企业要到指定企业购买账簿,并登记备案。企业建账一般采用手工建账和会计电算化建账两种形式。

① 手工建账。手工建账时,会计人员应先根据审核无误的原始凭证填制记账凭证,然后根据记账凭证涉及的会计科目在总账中开设账户。由于企业在筹建阶段没有营业活动,或发生业务收入较少,企业应将发生的不形成财产价值的费用、支出,计入"长期待摊费用"账户,不需要开设"管理费用""财务费用"等期间费用账户;可根据经济业务发生情况预设总账账户,留足一定数量的总账账页;根据记账凭证涉及的明细账户,在活页账账簿里开设明细账户。由于明细账一般是活页式的,可以随时抽换,所以,开设明细账时,无须预留账页。

② 会计电算化建账。在使用计算机建账前,会计人员在应该熟悉原始凭证后先建账(包括总账和明细账),然后编制记账凭证。否则,会计人员无法在菜单(计算机给出的记账凭证)里填制会计科目(尤其是明细科目)。

2. 企业转为(发生)正常业务活动时的建账

企业办齐有关证件,才能发生经营收入。按照会计制度,企业有了正常的经营收入后的当月,应将"长期待摊费用"账户归集的费用一次性转入"管理费用"账户。同时,企业应建立"财务费用"账户和"营业费用"账户。当然,企业是否将"管理费用"账户、"财务费用"账户和"销售费用"账户都全部建齐,应根据企业性质、发生经济业务情况而定。例如,小型商品流通企业可以不设置"管理费用"账户,而将"管理费用"账户并入"营业费用"账户核算;小型制造企业也可以不设置"生产成本"账户和"制造费用"账户,而把二者合并成一个账户。

4.8 企业年初建账的方法

实际工作中,并不是企业所有的账簿都需要重新建立。企业哪些账簿需要重建或更换,哪些账簿不用重建,可以继续使用,存在一定规律。

1. 年初新建账簿

年初新建的会计账簿主要包括总账,三栏式明细账,收入、费用(损益类)明细账,日记账。上述账簿必须每年更换一次,具体建账方法如下。

(1)总账。根据所开账户往年登记经济业务量的大小,保留足够数量用以登记经济业务的页码,逐一开设账户,建立新账。对于所开账户,将上年该账户的余额,直接抄入所开新账户第一页的首行,也就是直接"过账"。同时,在摘要栏内注明"上年结转"或"年初余额"字样,不必填制记账凭证。所开账户较多的企业,在所开各个账户首页的上面贴上"口取纸",注明所开账户名称(会计科目),便于使用者翻阅。

（2）三栏式明细账。对于这类账簿，上年末结出余额，本年按明细建账。在账页相应栏次如"日期""摘要""借或贷"及"余额"等的空白第一行里分别填上："1 月 1 日""上年结转""借（或贷）""金额"等。三栏式明细账账簿明细项目较多的企业，应在所开各个明细账户首页的上面贴上口取纸，注明所开明细账户名称（明细会计科目），便于使用者翻阅。

（3）收入、费用（损益类）明细账。对于该类账簿，各企业可以根据企业实际经济业务情况开设。收入、支出业务较多的企业，可分别开设"收入明细账"和"支出明细账"等。对于一些某项收入或费用较多的企业，也可以对某项收入或费用单设账簿，例如，"营业收入明细账""费用明细账""制造费用明细账"等各种损益类账簿。收入费用明细账的明细项目较多的企业，也应在所开各个明细账户首页的上面贴上口取纸，注明所开明细账户名称（明细会计科目），便于使用者翻阅。

（4）日记账。将库存现金日记账和银行存款日记账上年末的期末余额作为本年期初余额直接登记在新账的首页第一行。"日期"栏内，写上"1 月 1 日"；"摘要"栏内写上"上年结转"或"期初余额"字样；将库存现金实有数或上年末银行存款账面数填在"余额"栏内。与建新总账一样，也不必填制记账凭证。

2．跨年使用的账簿

（1）卡片式账簿，例如，固定资产登记卡、低值易耗品登记卡等。

（2）数量金额式明细账，例如，仓库保管员登记的数量金额式材料明细账、库存商品明细账等。

（3）备查账，例如，租入固定资产备查账，受托加工材料物资备查账等。这些账簿主要记录跨年租赁业务或受托加工业务的会计信息，为便于管理，该类账簿可以连续使用。

（4）债权债务明细账（也称为往来明细账）。一些企业债权债务较多，如果更换一次新账，抄写一遍的工作量较大，可以跨年使用，不必每年更换。但是，如果债权债务尚未结算的部分较少，企业应及时将未结算的债权债务转入下年新设"债权债务明细账"中。

另外，国有大型企业或国有大型事业单位在筹建期间，可能设置基本建设会计职能部门。存在基本建设会计职能部门的国有企业应按照基本建设会计制度建账，并定期编制基本建设企业财务报告。

4.9　会计建账技巧

建账首先得准备账簿，然后通过相应的建账方法来建账。

1．建账时应考虑的问题

（1）与企业相适应。企业规模与业务量是成正比的，规模大的企业，业务量大，分工也复杂，会计账簿需要的册数也多。企业规模小，业务量也小，有的企业，一个会计可以处理所有经济业务，设置账簿时就没有必要设许多账，所有的明细账可以合成一两本就可以了。

（2）依据企业管理需要。建立账簿是为了满足企业管理需要，为相关人员提供有用的会计信息，所以在建账时以满足管理需要为前提，避免重复设账、记账。

（3）依据账务处理程序。企业业务量大小不同，所采用的账务处理程序也不同。企业一旦选择了账务处理程序，也就选择了账簿的设置。如果企业采用的是记账凭证账务处理程序，企业的总账就要根据记账凭证序时登记，会计人员就要准备一本序时登记的总账。

2．准备账簿

首先要准备的账簿有库存现金日记账、银行存款日记账、总账和明细账四种。这四种账簿也是必须具备的。还需要准备与账簿密切相关的表格和单据：材料、商品入库单，出库单，材料费用分配表，工资计算表折旧分配表，辅助生产费用分配表，半成品、产品成本计算单。

3．科目选择

可参照选定会计准则中会计科目及主要账务处理，结合自己单位所属行业及企业管理需要，依次从资产类、负债类、所有者权益类、成本类、损益类中选择出应设置的会计科目。

4．填制账簿内容

1）扉页

（1）单位或使用者名称，即会计主体名称，与公章内容一致。

（2）印鉴，即单位公章。

（3）使用账簿页数，在本年度结束（12月31日）据实填写。

（4）需盖相关人员个人名章。记账人员更换时，应在交接记录中填写交接人员姓名，经管时间及交出时间，监交人员职务、姓名。

（5）粘贴印花税票并划双横线，除实收资本、资本公积按万分之五贴花外，其他账簿均按5元每本贴花。如果明细账分若干本，还需要在表中填列账簿名称。

企业可以使用登记表代替扉页，明细账中称"经管人员一览表"。

2）总账的账户

总账一般采用订本式，印刷时已事先在每页的左上角或右上角印好页码。但由于所有账户均须在一本总账上体现，故应给每个账户预先留好页码，如"库存现金"用第1、2页，"银行存款"用第3~6页，这需要根据单位具体情况设置，并要把科目名称及其页次填在账户目录中。

3）账页

（1）库存现金日记账和银行存款日记账不用对账页特别设置。

（2）总账账页按资产、负债、所有者权益、成本、收入、费用的顺序把所需会计科目名称写在左上角或右上角或直接加盖科目章。

（3）明细账账页按资产、负债、所有者权益、成本、收入、费用的顺序把所需会计科目名称写在左（右）上角或中间，或直接加盖科目章，包括根据企业具体情况分别设置的明细科目名称。另外对于成本、收入、费用类明细账还需以多栏式分项目列示，如"管理费用"借方要分成办公费、交通费、电话费、水电费、工资等项列示，具体项目可以根据企业管理需要进行设置。

另外，为了查找、登记方便，在设置明细账账页时，每一账户的第一张账页外侧粘贴口取纸,并各个账户错开粘贴。当然口取纸上也要写出会计科目名称。一般只写一级科目。另外,也可将资产、负债、所有者权益、收入、费用按红、蓝颜色区分开。

4.10　会计账簿的对账

对账,就是核对账目,是指在会计核算中,为保证账簿记录正确可靠,对账簿中的有关数据进行检查和核对的工作。对账工作至少每年进行一次。对账工作的主要内容一般包括以下几方面。

1. 账证核对

账证核对是指账簿记录与记账凭证及其所附原始凭证的核对。账证核对的内容主要是账簿记录与原始凭证、记账凭证的时间、凭证字号、记账内容、记账金额及记账方向等的核对。保证账证相符,是会计核算的基本要求之一,也是账账相符、账实相符和账表相符的基础。

2. 账账核对

账账核对是指将各种会计账簿之间相对应的记录进行核对。由于会计账簿之间相对应的记录存在着内在联系,因此,通过账账相对,可以检查、验证会计账簿记录的正确性,以便及时发现错账,予以更正,保证账账相符。账账核对的内容主要包括以下几个方面。

(1) 总账各账户余额与其所属明细分类账各账户余额之和进行核对。

(2) 总账的借、贷方本期发生额和期末余额与所属明细账的借、贷方本期发生额和期末余额之和进行核对。

(3) 库存现金总账和银行存款总账的期末余额与现金日记账和银行存款日记账的期末余额进行核对。

(4) 会计部门财产物资明细账期末余额与财产物资保管和使用部门的有关财产物资明细账期末余额进行核对。

【例 4-1】 会计小张在月末进行对账时,发现明细分类账中"开发成本"的余额合计数与总账不符,总账为 15 000 元,明细账为 14 100 元,差 900 元,该如何处理?

当发现不符时,就要重新将总账记录中"开发成本"账户下本期借方发生额计算一遍,贷方发生额也同样计算一遍,再计算余额是否有误。如果没有发现错误,接着核对明细分类账的本期借方合计数,假设发现应该为 15 000 元。合计数计算错误,也就导致了余额计算错误。将找到的错误分别改正后,核对相符,就完成了账账核对。

3. 账实核对

账实核对是指各项财产物资、债权债务等账面余额与实有数额之间的核对。账实核对的内容主要有以下几个方面。

(1) 库存现金日记账账面余额与盘点的库存现金数额相核对。

(2) 银行存款日记账账面余额与银行对账单的余额相核对。

(3) 各种财产物资明细账账面余额与其清查盘点后的实存数额相核对。

（4）有关债权债务明细账账面余额与对方单位的账面记录相核对。

4.11 会计错账的查找和更正

会计账簿种类繁多,具体细节要求各异,在实际的记账过程中,难免会出现重复记账、漏记、数字颠倒、数字错位、数字错误、科目记错、借贷方向记反等问题。因此,我们需要快速找出错账,并及时更正。

1. 错账的查找方法

错账的查找方法主要有差数法、除 2 法、尾数法、除 9 法四种。下面主要讲述差数法和除 2 法。

1）差数法

差数法是按照错账的差数查找错账的方法。如会计凭证上的记录如下。

借：应交税费——营业税	5 250
——城市维护建设税	367.5
——个人所得税	500
其他应交款——教育费附加	157.5
贷：银行存款	6 275

若会计人员在记账时漏记了城市维护建设税 367.5 元,那么在进行应交税费总账和明细账核对时,就会出现总账借方余额比明细账借方余额多 367.5 元的现象。对于类似差错,应由会计人员通过回忆相关金额的记账凭证进行查找。

对于发生的角、分的差错可以只查找小数部分,以提高查错的效率。如只差 0.06 元,只需看一下尾数有 0.06 元的金额,看是否已将其登记入账。

2）除 2 法

除 2 法是指差数除以 2 来查找错账的方法。当记账时借方金额错记入贷方（或者相反）时,出现错账的差数就表现为错误的 2 倍,因此将此差数用 2 去除,得出的商就应该是反向的正确的金额。例如,应记入"固定资产"科目借方的 5 000 元误记入贷方,则该科目的期末余额将小于总分类科目期末余额 10 000 元,被 2 除的商 5 000 元即为借贷方向反向的金额。同理,如果借方总额大于贷方 800 元,即应查找有无 400 元的贷方金额误记入借方。

2. 错账的更正方法

对于错账,会计人员必须按规定的更正错账方法进行更正,不得任意涂改。

产生记账错误的原因很多,出现的记账错误也各不相同,对于不同的记账错误,更正方法也不相同。常见的错账更正方法有划线更正法、红字更正法和补充登记法三种。

1）划线更正法

划线更正法的适用范围：在结账前发现账簿记录有文字或数字错误,而记账凭证没有错误。

划线更正法的修改方法：将错误的文字或者数字划红线注销，但必须使原有字迹仍可辨认；然后在画线上方填写正确的文字或者数字，并由记账人员在更正处盖章。对于错误的数字，应当全部画红线更正，不得只更正其中的错误数字。对于文字错误，可只划去错误的部分。

【例 4-2】 购买办公用品支付库存现金 658 元，登记"现金日记账"时，将 658 元错记为 685 元，用划线更正法进行更正，如图 4-4 所示。

借方	库存现金	贷方
658		658
		~~685~~ （签章）

图 4-4　库存现金日记账

2）红字更正法

红字更正法一般适用于以下两种情况。

（1）编制的记账凭证会计科目错误或者方向错误，导致账簿记录出现错误。

此种情况的更正方法如下。先用红字金额填写一张与错误凭证相同的记账凭证，其中，在"摘要"栏注明"冲销某月某日第×号记账凭证的错误"，并据以用红字金额登记入账，冲销原来错误的记录。然后，再用蓝字填写一张正确的记账凭证，摘要栏内写明"补记某月某日账"，并据以登记入账。

【例 4-3】 恒发公司购买办公用品，支付库存现金 378 元，会计人员在填制记账凭证时发生错误，并根据错误的记账凭证已登记入账。错误的会计分录如下。

借：管理费用　　　　　　　　　　　　　　　　378
　　贷：银行存款　　　　　　　　　　　　　　　　378

用红字更正法更正，先编制一张记账凭证。此记账凭证的金额用红字填写，其他内容与原错误内容完全相同。

借：管理费用　　　　　　　　　　　　　　　　378
　　贷：银行存款　　　　　　　　　　　　　　　　378

用蓝字编制一张正确的记账凭证。

借：管理费用　　　　　　　　　　　　　　　　378
　　贷：库存现金　　　　　　　　　　　　　　　　378

编制会计分录后，根据蓝字填写的记账凭证登记账簿。

（2）记账凭证中会计科目和借贷方向正确，但发现所记金额大于应记金额，导致账簿记录出现错误。

此种情况的更正方法：将多记金额用红字填写一张与原凭证相同的记账凭证，其中，在"摘要"栏注明"冲销某月某日第×号记账凭证多记金额"，并据以用红字金额登记入账，冲销多记的金额。

【例 4-4】 员工报销差旅费 5 000 元，用库存现金支付，填制记账凭证时，将金额错误地填写为 50 000 元，并已经登记入账。错误的会计分录如下。

借：管理费用——差旅费   50 000

  贷：库存现金   50 000

发现错误后，将多记的金额用红字填写一张与原凭证相同的记账凭证，并据以用红字登记入账，冲销多记的金额。

借：管理费用——差旅费   45 000

  贷：库存现金   45 000

3）补充登记法

补充登记法的适用范围：编制的记账凭证中的会计科目和方向没有错误，但所记金额小于应记的金额，导致账簿记录的错误。

补充登记法的更正方法：其更正时，将少记金额用蓝字填写一张与原凭证相同的记账凭证，并据以登记入账，弥补少记的金额。

【例 4-5】 恒发公司购买办公用品，支付库存现金 896 元，会计人员填制记账凭证时所使用的会计科目及记账方向没有错误，只是将金额 896 误记为 689 元，并已登记入账。错误的会计分录如下。

借：管理费用   689

  贷：库存现金   689

使用补充登记法编制记账凭证如下。

借：管理费用   207

  贷：库存现金   207

4.12 会计账簿的结账

结账是为了编制会计报表，定期对账簿记录进行结算，计算并记录本期发生额和期末余额的一项账务工作。会计期间一般按日历时间划分为年、季、月，结账于各会计期末进行，所以分为月结、季结、年结。

1. 结账的内容

结账的内容通常包括：结算各种收入、费用账户，并据以计算确定本期利润；结算各资产、负债和所有者权益账户，分别结出本期发生额合计和余额。

2. 结账的一般程序

结账前，将本期发生的经济业务全部登记入账，并保证其正确性。不得把将要发生的经济业务提前入账，也不得把已经在本期发生的经济业务延至下期（甚至以后期）入账。结账的一般程序如下。

（1）根据权责发生制的要求，调整有关账项，合理确定本期应计的收入和应计的费用。

（2）将有关收入（收益）、费用（损失）转入"本年利润"账户，结平所有损益类账户。

（3）结算出资产、负债和所有者权益账户的本期发生额和余额并结转下期。

3. 结账的方法

期末结账的方法主要是采用"划线结账法",也就是期末结出各账户的本期发生额和期末余额后,加以画线标记,将期末余额结转至下期。结账时,不同的账户记录应分别采用不同的方法。

(1)总账账户平时只需结计月末余额。年终结账时,为了反映全年各项资产、负债及所有者权益增减变动的全貌,便于核对账目,要将所有总账账户结计全年发生额和年末余额,在摘要栏内注明"本年合计"字样,并在合计数下画双红线。采用科目汇总表代替总账的单位,年终结账,应当汇编一张全年合计的科目汇总表。

(2)需要结计本年累计发生额的某些明细账户,每月结账时,应在"本月合计"行下结出自年初起至本月末止的累计发生额,登记在月份发生额下面,在摘要栏内注明"本年累计"字样,并在下面再通栏画单红线。12月末的"本年累计"就是全年累计发生额,全年累计发生额下通栏画双红线。

(3)库存现金日记账、银行存款日记账和需要按月计算发生额的收入、费用等明细账,每月结账时,要在最后一笔经济业务记录下面通栏画单红线,结出本月发生额和余额,在摘要栏内注明"本月合计"字样,在下面通栏画单红线。

(4)对不需要按月结计本期发生额的账户,如各项应收款明细账和各项财产物资明细账等,每次记账以后,都要随时结出余额,每月最后一笔余额即为月末余额。也就是说,月末余额就是本月最后一笔经济业务记录的同一行内的余额。月末结账时,只需要在最后一笔经济业务记录之下画一单红线,不需要再结计一次余额。

4.13　会计账簿的更换和保管

4.13.1　会计账簿的更换

会计账簿的更换是指在一个会计年度终了,将上年旧账更换为下一个会计年度的新账。

更换新账的程序是:年度终了,在本年有余额的账户"摘要"栏内注明"结转下年"字样。在更换新账时,注明各账户的年份,在第一行"日期"栏内写上1月1日;"记账凭证"栏空置不用填;将各账户的年末余额直接抄入新账余额栏内,并注明余额的借贷方向。过入新账的有关账户余额的结转事项,不需要编制记账凭证。

一般来说,库存现金日记账、银行存款日记账、总账和大部分的明细账应当每年更换一次。只是有个别的明细账,例如,财产物资明细账和债权债务明细账等,由于原材料品种、数量和往来相关的单位较多,更换新账需要重新抄一遍,就加大了工作量,因此,可以跨年度使用,不必每年更换一次。第二年度时,可直接在上年终了的双线下面记账。各种备查账簿也可以连续使用。

4.13.2 会计账簿的保管

会计账簿是重要的经济档案之一,必须严格按《会计档案管理办法》规定的保管年限妥善保管,不得丢失和任意销毁。

年度终了,各种账户在结转下年、建立新账后,通常要把旧账送交总账会计集中统一管理。会计账簿暂由本单位财务会计部门保管 1 年,期满之后,由财务会计部门编造清册移交本单位的档案部门保管。

通常总账(包括日记总账)和明细账保管期限为 15 年;日记账保管期限一般为 15 年,但库存现金和银行存款日记账保管期限为 25 年;固定资产卡片账在固定资产报废清理后保管 5 年;辅助账簿保管期限为 15 年。实际工作中,各单位可以根据实际使用账簿的经验、规律和特点,适当延长有关会计档案的保管期限,但必须有较为充分的理由。

课后思考题

1. 会计账簿的基本内容有哪些?
2. 会计账簿设置的基本原则是什么?
3. 会计账簿的种类有哪些?
4. 会计账簿的记账规则有哪些?
5. 新建企业建账的方法有哪些?
6. 企业年初建账的方法有哪些?
7. 会计建账的技巧有哪些?
8. 会计账簿对账的主要内容包括哪些?
9. 会计错账的查找方法和更正方法有哪些?

第 5 章 货币资金

【本章学习目标】
- 了解货币资金的基本概念。
- 掌握库存现金、银行存款和其他货币资金的账务处理。

5.1 库存现金的账务处理

库存现金是指存放在财会部门，随时可以动用的那部分现金，包括人民币和外币。企业应设置"库存现金"科目，本科目核算企业销售商品、提供劳务等经营活动收取的款项。

库存现金的主要账务处理如下。

（1）企业从银行提取现金，根据支票存根所记载的提取金额，借记本科目，贷记"银行存款"科目。企业将现金存入银行时，根据银行退回的进账单第一联，借记"银行存款"科目，贷记本科目。

【例 5-1】 2015 年 8 月 10 日，从银行提取现金 20 000 元，账务处理如下。

借：库存现金   20 000

    贷：银行存款   20 000

（2）企业因支付内部职工出差等原因所需的现金，按支出凭证所记载的金额，借记"其他应收款"等科目，贷记本科目。收到出差人员交回的差旅费剩余款并结算时，按实际收回的现金，借记本科目，按应报销的金额，借记"管理费用"等科目，按实际借出的现金，贷记"其他应收款"科目。

【例 5-2】 2015 年 8 月 12 日，职工王城出差预借差旅费 5 000 元，以现金支付。8 月 15 日，职工王城出差回来报销差旅费 4 500 元，退回剩余现金 500 元。

相关账务处理如下。

① 8 月 12 日支付出差借款时

借：其他应收款——王城   5 000

    贷：库存现金   5 000

② 8 月 15 日报销差旅费时

借：库存现金   500

    管理费用   4 500

    贷：其他应收款——王城   5 000

（3）企业因其他原因收到的现金，借记本科目，贷记有关科目；支出现金，借记相关科目，贷记本科目。

【例5-3】 2015年8月16日以现金支付职工培训讲课费800元。账务处理如下。

借：管理费用   800

   贷：库存现金   800

（4）每日终了结算现金收支、财产清查等发现的现金短缺或溢余，应当计入当期损益。如为现金短缺，属于应由责任人赔偿的部分，借记"其他应收款"等科目，按实际短缺的金额扣除应由责任人赔偿的部分后的金额，借记"管理费用"科目，贷记本科目；如为现金溢余，应按实际溢余的金额，借记本科目，属于应支付给有关人员或单位的，贷记"其他应付款"科目，现金溢余金额超过应付给有关单位或人员的部分，贷记"营业外收入"科目。

例5-1至例5-3中的业务进行记账凭证登记之后，要登记企业库存现金日记账，登记账页的情况，如表5-1所示。

表5-1 库存现金日记账

2015年		凭证	摘 要	对方科目	借方	贷方	余 额
月	日						
			承前页				500
8	10		提取现金	银行存款	20 000		20 500
	12		预借差旅费	其他应收款		5 000	15 500
	15		报销差旅费	其他应收款	500		16 000
	16		支付培训费	管理费用		800	15 200

5.2 银行存款的账务处理

银行存款是指企业存放在开户银行的可随时支取的货币资金。企业的银行存款，要设置"银行存款"科目，本科目核算企业存入银行的各种存款。企业如有存入其他金融机构的存款也可以在本科目核算。有多币种存款的企业，应当按照币种分别设置"银行存款日记账"进行明细核算。

每日终了，应结出余额。"银行存款日记账"应定期与"银行对账单"核对，至少每月核对一次。月末，企业银行存款账面余额与银行对账单余额之间如有差额，应按月编制"银行存款余额调节表"调节相符。

银行存款的主要账务处理如下。

（1）企业将款项存入银行或其他金融机构，借记本科目，贷记"库存现金"等有关科目；提取现金和支出款项，借记"库存现金"等有关科目，贷记本科目。

（2）企业应当加强对银行存款的管理，定期对银行存款进行检查，对于存在银行或其他金融机构的款项已经部分不能收回或者全部不能收回的，应当查明原因进行处理，有确凿证据表明无法收回的，应当根据企业管理权限报经批准后，借记"营业外支出"科目，贷记本科目。

【例5-4】 根据恒通公司发生的如下业务，进行账务处理。

① 2015年8月2日销售产品收到销货款11 700元（其中增值税销项税额1 700元），存

入银行,账务处理如下。

　　　　借:银行存款　　　　　　　　　　　　　　　11 700
　　　　　贷:主营业务收入　　　　　　　　　　　　　　10 000
　　　　　　应交税费——应交增值税(销项税额)　　　　 1 700
　　②8月3日收回销售A产品的应收账款30 000元,银行已入账,账务处理如下。
　　　　借:银行存款　　　　　　　　　　　　　　　30 000
　　　　　贷:应收账款　　　　　　　　　　　　　　　　30 000
　　③8月4日行政部门支付电话费5 000元,账务处理如下。
　　　　借:管理费用——电话费　　　　　　　　　　　 5 000
　　　　　贷:银行存款　　　　　　　　　　　　　　　　 5 000
　　④8月5日购入材料一批,支付购材料款20 000元,增值税为3 400元,合计23 400元,账务处理如下。
　　　　借:材料采购　　　　　　　　　　　　　　　20 000
　　　　　应交税费——应交增值税(进项税额)　　　　 3 400
　　　　　贷:银行存款　　　　　　　　　　　　　　　　23 400
　　⑤8月10日以银行存款偿还原欠外单位货款10 000元,账务处理如下。
　　　　借:应付账款　　　　　　　　　　　　　　　10 000
　　　　　贷:银行存款　　　　　　　　　　　　　　　　10 000
　　例5-4的业务应逐笔登记银行存款日记账,上述业务应登记的银行存款日记账,如表5-2所示。

表5-2　银行存款日记账

2015年		凭证	摘　要	对方科目	借方	贷方	余　额
月	日						
			承前页				500 000
5	2		销售商品	主营业务收入	11 700		511 700
	3		收货款	应收账款	30 000		541 700
	4		支付电话费	原材料		5 000	536 700
	5		支付材料款	库存现金		23 400	513 300
	10		支付货款	库存现金		10 000	503 300

5.3　其他货币资金的账务处理

　　其他货币资金是指除库存现金和银行存款以外的其他各种货币资金。其他货币资金包括银行汇票存款、银行本票存款、信用卡存款、企业的外埠存款、信用证保证金存款、存出投资款等。其他货币资金的主要账务处理如下。
　　(1)企业将银行存款转做其他货币资金时,借记"其他货币资金——明细科目",贷记

"银行存款"科目。

（2）将多余资金从其他货币资金账户转回时，借记"银行存款"科目，贷记"其他货币资金——明细"科目。

下面重点讲解银行汇票存款、银行本票存款、信用卡存款的账务处理。

1. 银行汇票存款的账务处理

银行汇票存款是指企业为取得银行汇票按规定存入银行的款项。银行汇票存款的账务处理如下。

（1）企业在填送"银行汇票申请书"并将款项交存银行，取得银行汇票后，根据银行盖章退回的申请书存根联，借记"其他货币资金——银行汇票"科目，贷记"银行存款"科目。

（2）企业使用银行汇票后，根据发票账单等有关凭证，借记"材料采购""库存商品""应交税费——应交增值税（进项税额）"等科目，贷记"其他货币资金——银行汇票"科目。

（3）如有多余或因汇票超过付款期等原因而退回款项，根据开户银行转来的银行汇票第四联（多余款收账单），借记"银行存款"科目，贷记"其他货币资金——银行汇票"科目。

【例 5-5】 2015 年 7 月 15 日，运通公司向开户银行申请办理银行汇票业务，并存入 1 000 000 元，获得银行汇票。企业持银行汇票采购原材料，共花费 994 500 元，并收到银行转来的"多余款收账通知"。账务处理如下。

① 办理银行汇票时

借：其他货币资金——银行汇票   1 000 000

    贷：银行存款   1 000 000

② 收到采购货物时

借：材料采购   850˙000

    应交税费——应交增值税（进项税额）   144 500

    贷：其他货币资金——银行汇票   994 500

③ 收回多余的款项时

借：银行存款   5 500

    贷：其他货币资金——银行汇票   5 500

2. 银行本票存款的账务处理

银行本票存款是企业为取得银行本票按规定存入银行的款项。银行本票是银行签发的，承诺自己在见票时无条件支付确定的金额给收款人或持票人的票据。银行本票按照其金额是否固定可分为不定额和定额两种。银行本票样式如图 5-1、图 5-2 所示。

银行本票存款的账务处理如下。

（1）企业填写"银行本票申请书"，将款项交存银行时，借记"其他货币资金——银行本票"科目，贷记"银行存款"科目。

（2）企业持银行本票购货，收到有关发票账单时，借记"原材料""库存商品""应交税费——应交增值税（进项税额）"等科目，贷记"其他货币资金——银行本票"科目。

（3）企业收到银行本票，填制进账单到开户银行办理款项入账手续时，根据进账单及销货发票等，借记"银行存款"科目，贷记"主营业务收入""应交税费——应交增值税（销项

中国工商银行 上海市分行

本 票

| 付款期
一个月 | 本票号码
第　号 |

签发日期
（大写）　　年　月　日

此联签发行结清本票时作付出传票	收款人	
	凭票即付（人民币大写）	
	转账	现金	科目（付）＿＿＿ 对方科目（付）＿＿＿ 兑付日期　年　月　日 出纳　　复核　　经办

图 5-1　银行本票（正面）

注 意 事 项

一、本票在指定的城市范围内使用
二、本票经背书可以转让

被背书人	被背书人	被背书人
背书	背书	背书
日期　年　月　日	日期　年　月　日	日期　年　月　日

图 5-2　银行本票（背面）

税额）"等科目。

银行本票存款的具体核算方法和银行汇票存款的大体一致，读者可参考银行汇票存款的核算实例。

3. 信用卡存款的账务处理

信用卡存款是指企业为取得信用卡按照规定存入银行的款项。

（1）企业应填制"信用卡申请表"，连同支票和有关资料一并送存发卡银行，根据银行盖章退回的进账单第一联，借记"其他货币资金——信用卡"科目，贷记"银行存款"科目。

（2）企业用信用卡购物或支付有关费用，收到开户银行转来的信用卡存款的付款凭证及所附发票账单时，借记有关科目，贷记"其他货币资金——信用卡"科目。

（3）企业信用卡在使用过程中，向其账户续存资金时，借记"其他货币资金——信用卡"科目，贷记"银行存款"科目。

（4）企业的持卡人如不需要继续使用信用卡，持信用卡主动到发卡银行办理销户时，借记"银行存款"科目，贷记"其他货币资金——信用卡销卡"科目。

【例 5-6】 2015 年 9 月 6 日，企业向其开户银行申请办理信用卡业务，并存入信用卡

20 000 元;9 月 10 日,从信用卡上支付购买的办公品费用 6 000 元;2 月 20 日又从基本存款账户转入 30 000 元。

企业的相关账务处理如下。

① 转入信用卡存款时

借:其他货币资金——信用卡   20 000

   贷:银行存款   20 000

② 支付购买办公用品费用时

借:管理费用   6 000

   贷:其他货币资金——信用卡   6 000

③ 续存款项时

借:其他货币资金——信用卡   30 000

   贷:银行存款   30 000

课后思考题

1. 库存现金如何进行账务处理?
2. 银行存款如何进行账务处理?
3. 银行汇票存款如何进行账务处理?
4. 银行本票存款如何进行账务处理?
5. 信用卡存款如何进行账务处理?

第6章 存货

【本章学习目标】
- 了解存货概述、存货的计价方法。
- 理解存货有关的会计核算。
- 掌握存货的账务处理。

6.1 存货概述

存货是指企业在日常生产经营过程中持有以备出售或者仍然处在生产过程,或者在生产或提供劳务过程中将消耗的材料或物料等。

1. 存货的分类

(1) 原材料

原材料是指企业在生产过程中经加工改变其形态或性质并构成产品主要实体的各种原料及主要材料、辅助材料、燃料、修理备用件、包装材料、外购半成品等。

(2) 在产品

在产品是指企业正在制造尚未完工的产品。

(3) 半成品

半成品是指经过一定生产过程并已检验合格交付半成品仓库保管,但尚未制造完工成为产成品,仍需进一步加工的中间产品。半成品不包括从一个生产车间转给另一个生产车间待继续加工的在产品以及不能单独计算成本的在产品。

(4) 库存商品

库存商品是指企业已经完成全部生产过程并验收入库,可以按照合同规定的条件送交订货单位,或者可以作为商品对外销售的产品。

(5) 商品

商品是指完成验收入库可供销售的各种物品。

(6) 周转材料

周转材料是指企业能够多次使用,逐渐转移其价值但仍保持原有形态不能确认为固定资产的材料。周转材料包括包装物和低值易耗品。

2. 存货的特点

存货属于流动资产,与其他资产相比具有如下特点。

(1) 存货是有形资产。例如,仓库里的水泥,是可以看得见、摸得着的物品。

(2) 存货有较强的流动性。在企业中,存货经营处于不断销售、耗用、购买或重置中,具有较强的变现能力和明显的流动性。例如,仓库里的水泥在较短时间内可以销售出去。

（3）存货有实效性和发现潜在损失的可能性。在正常的生产经营过程中,存货能够转变成货币资产或其他资产,但长期不能耗用的存货,就可能变成积压物资或降价销售,从而造成企业损失。

3. 存货确认的条件

存货在符合定义的情况下,同时满足下列条件,才能予以确认。

（1）与该存货有关的经济利益很可能流入企业。

（2）该存货的成本能够可靠地计量。

实务中,存货范围的确认,应以企业对存货是否具有法定所有权为依据。凡在盘存日,法定所有权属于企业的所有一切物品,不论其存放地点,都应视为存货。即所有在库、在耗、在用、在途的存货均确认为企业的存货;反之,凡是法定所有权不属于企业的物品,即使存放于企业,也不应确认为企业的存货。对于代销商品,在售出前,所有权属于委托方,因此代销商品应作为委托方的存货处理。

6.2 存货取得和发出的计价方法

存货计价方法的选择是制定企业会计政策的一项重要内容。选择不同的存货计价方法将会导致不同的报告利润和存货估价,并对企业的税收负担、现金流量产生影响。存货的计价通常有两种情况:存货取得的计价和存货发出的计价。

1. 存货取得的计价方法

存货取得的计价,也叫存货的初始计量,指的是存货取得时的入账金额。

我国会计准则规定:存货应当按照实际成本进行初始计量,存货的实际成本包括采购成本、加工成本和其他成本。

1）存货的采购成本

存货的采购成本,指企业物资从采购到入库前所发生的全部支出。存货采购成本包括购买价款、税费、运输费、装卸费、保险费以及其他相关费用。

商品流通企业在采购商品过程中发生的运输费、装卸费、保险费以及其他可归属于存货采购成本的费用等进货费用,应当计入存货采购成本,也可以先行归集,期末根据所购商品的销售情况进行分摊。对于已售商品的进货费用,计入当期损益;对于未售商品的进货费用,计入期末存货成本。企业采购商品的进货费用金额较小的,可以在发生时直接计入当期损益。

2）存货的加工成本

存货的加工成本是指在存货的加工过程中发生的追加费用,包括直接人工以及按照一定方法分配的制造费用。

（1）直接人工是指企业在生产产品和提供劳务过程中发生的直接从事产品生产和劳务提供人员的职工薪酬。

（2）制造费用是指企业为生产产品和提供劳务而发生的各项间接费用。

3）存货的其他成本

存货的其他成本是指除采购成本、加工成本以外的，使存货到达目前场所和状态所发生的其他支出。企业取得存货的其他方式包括接受捐赠、接受投资者投资、存货盘盈等。

（1）接受捐赠的存货的成本。接受捐赠的存货按照发票账单所列金额加企业负担的运输费、保险费、缴纳的税金作为实际成本。无发票账单的，按照同类存货的市价计价。

（2）投资人投入的存货的成本。投资者投入的存货按投资协议确定的价值或者评估确认的价值作为实际成本。

（3）盘盈的存货的成本。盘盈存货按照同类存货的实际成本入账。

2. 存货发出的计价方法

我国《企业会计准则》规定："各种存货发出时，企业可以根据实际情况，选择使用先进先出法、加权平均法、移动平均法、个别计价法等方法确定其实际成本。"

1）先进先出法

先进先出法是假定先收到的存货先发出或先收到的存货先耗用，并根据这种假定的存货流转次序对发出存货和期末存货进行计价的一种方法。

采用这种方法，先购入的存货成本在后购入存货成本之前转出，据此确定发出存货和期末存货的成本。具体操作方法如下。

（1）收入存货时，逐笔登记收入存货的数量、单价和金额。

（2）发出存货时，按照先进先出的原则逐笔登记存货的发出成本和结存金额。

先进先出法可以随时结转存货发出成本，但较烦琐；如果存货收发业务较多且存货单价不稳定时，其工作量较大。在物价持续上升时，期末存货成本接近于市价，而发出成本偏低，会高估企业当期利润和库存存货价值；反之，会低估企业存货价值和当期利润。

2）加权平均法

加权平均法，也称全月一次加权平均法，是指以本月全部进货成本与月初结存存货成本之和，除以本月全部进货数量与月初存货数量之和，计算出存货的加权平均单位成本，并按加权平均单位成本确定发出存货的成本及期末库存成本的方法。加权平均法的相关计算公式如下。

$$存货单位成本 = （月初存货结存金额 + 本月入库存货成本合计）$$
$$÷（月初存货结存数量 + 本月各批进货数量之和）$$
$$本月发出存货的成本 = 本月发出存货的数量 × 存货平均单位成本$$
$$月末库存存货成本 = 月末库存存货数量 × 存货平均单位成本$$

采用加权平均法确定发出存货的成本，平时对入库存货要逐笔登记数量、单价和金额，而对平时发出材料只登记数量，而不登记单价和金额。到月末计算出加权平均单位成本，再计算发出存货和结存存货的成本。所以平时工作量较小。

3）移动平均法

移动加权平均法是指每次收货后，立即根据库存存货数量和总成本，计算出新的平均单价或成本的一种方法。移动加权平均法的相关计算公式如下。

$$本次发货前存货的单位成本 = （库存原有存货的实际成本 + 本次进货的实际成本）$$

÷(原有库存存货数量＋本次进货数量)

本次发出存货的成本＝本次发出存货的数量×本次发货前存货的单位成本

本月月末库存存货成本＝月末库存存货的数量×本月月末存货单位成本

采用移动平均法能够使企业管理当局及时了解存货的结存情况,计算的平均单位成本以及发出和结存的存货成本比较客观。但由于每次收货都要计算一次平均单价,计算工作量较大,对收发货较频繁的企业不适用。

4)个别计价法

个别计价法是将每批入库的存货,单独存放,单独贴标签,单独标明数量、单价和金额,发出存货属于哪一批的,就按该批存货入库时的实际成本计价。

采用这种方法计算发出存货的成本和期末存货的成本比较合理、准确,但这种方法的前提是需要对发出和结存存货的批次进行具体认定,以辨别其所属的收入批次,实务操作的工作量繁重,困难较大。企业中不能互换使用的存货,为特定的项目专门购入或制造并单独存放的存货,以及购入批次少、容易识别、单位价值较高的贵重物资,一般采用个别计价法。

6.3　期末存货的计价

在会计期末(月末、季末、年末),企业对库存的存货,应按照实际成本与可变现净值孰低法进行计价。所谓成本与可变现净值孰低法,是指对期末存货按照成本与可变现净值两者中较低者计价的方法。当成本低于可变现净值时,存货按成本计价;当可变现净值低于成本时,存货按可变现净值计价。

1. 可变现净值

1)确定可变现净值应考虑的主要因素

企业确定存货的可变现净值,应当以取得的确凿证据为基础,并且考虑持有存货的目的、资产负债表日后事项的影响等因素。

(1)存货可变现净值的确凿证据

存货可变现净值的确凿证据,是指对确定存货的可变现净值有直接影响的客观证明,如产成品或商品的市场销售价格、与企业成产品或商品相同或类似商品的市场销售价格、销售方提供的有关资料和生产成本资料等。

(2)持有存货的目的

由于企业持有存货的目的不同,确定存货可变现净值的计算方法也不同。如用于出售的存货和用于继续加工的存货,其可变现净值的计算就不相同。因此,企业在确定存货的可变现净值时,应考虑持有存货的目的。一般企业持有存货的目的,一是持有以备出售,如商品、产成品,其中又分为有合同约定的存货和没有合同约定的存货;二是将在生产过程或提供劳务过程中耗用,如材料等。

(3)对资产负债表日后的事项的影响

确定存货的可变现净值时,应当根据资产负债表日存货所处状况应估计的售价为基础,资产负债表日后事项期间发生的有关价格波动,如果有确凿证据表明是对资产负债表日的存货存在状况提供进一步证明的,在计算可变现净值时应当考虑资产负债表日后事项的影响。

2) 可变现净值估计售价的确定方法

(1) 产成品、商品和用于出售的材料等直接用于出售的商品存货,没有销售合同约定的,其可变现净值为在正常生产经营过程中,该存货的一般销售价格减去估计的销售费用和相关税费等后的金额。

$$可变现净值=估计售价-估计的销售费用和相关税费$$

例如,企业持有一批商品,无销售合同,市场价格 100 万元,进一步销售中会发生的销售费用和税金为 8 万元,则可变现净值为 $100-8=92$(万元)。若账面成本为 95 万元,则计提 3 万元的存货跌价准备。

(2) 用于生产的材料、在产品或自制半成品等需要经过加工的存货,其可变现净值根据在正常生产经营过程中,以存货的估计售价减去至完工估计将要发生的成本、估计的销售费用以及相关税金后的金额确定。

$$可变现净值=该材料所生产的产成品的估计售价-进一步加工的成本$$
$$-估计的销售费用和相关税费$$

(3) 用于出售的材料等,应以市场价格作为其可变现净值的计量基础。这里的市场价格是指材料等的市场销售价格。

(4) 为执行销售合同或者劳务合同而持有的存货,通常应以产成品或商品的合同价格作为其可变现净值的计量基础。

销售合同订购的数量大于或等于企业持有的存货数量,应以销售合同价格作为其可变现净值的计量基础。

如果企业销售合同所规定的标的物还没有生产出来,但持有专门用于该标的物生产的材料,其可变现净值也应以合同价格作为计量基础。

2. 存货跌价准备的核算

按照成本与可变现净值孰低法的规定,企业在期末应该对存货的成本与可变现净值进行比较,如果可变现净值小于成本,则应该计提存货跌价准备,二者的差额便属于当期应计提的跌价准备金额。同时,应将本期应计提跌价准备与已经计提的跌价准备进行比较,若应提数大于已提数,则应予补提,计入"资产减值损失"科目。

1) 存货跌价准备的计提

(1) 应计提存货跌价准备的几种情况

① 市价持续下跌,并且在可预见的未来无回升的希望。

② 企业使用该项原材料生产的产品的成本大于产品的销售价格。

③ 企业因产品更新换代,原有库存原材料已不适应新产品的需要,而该原材料的市场价格又低于其账面成本。

④ 因企业所提供的商品或劳务过时或消费者偏好改变而使市场的需求发生变化,导致市场价格逐渐下跌。

⑤ 其他足以证明该项存货实质上已经发生减值的情形。

（2）应将账面价值全部转入当期损益的几种存货

① 已霉烂变质的存货。

② 已过期且无转让价值的存货。

③ 生产中已不再需要，并且已无使用价值和转让价值的存货。

④ 其他足以证明已无使用价值和转让价值的存货。

2）存货跌价准备的转回

企业应在每一资产负债表日，比较存货成本与可变现净值，计算出应计提的存货跌价准备，再与已提数进行比较，若应提数大于已提数，应予补提。企业计提的存货跌价准备，应计入当期损益（资产减值损失），账务处理如下。

借：资产减值损失

　贷：存货跌价准备

当以前减记存货价值的影响因素已经消失，减记的金额应当予以恢复，并在原已计提的存货跌价准备金额内转回，转回的金额计入当期损益（资产减值损失），账务处理如下。

借：存货跌价准备

　贷：资产减值损失

提示：当存货可变现净值小于存货成本时，"存货跌价准备"的科目贷方余额＝存货成本－存货可变现净值。

3）存货跌价准备的结转

对已售存货计提了存货跌价准备的，还应结转已计提的存货跌价准备，冲减当期主营业务成本或其他业务成本，实际上是按已售产成品或商品的账面价值结转至主营业务成本或其他业务成本。账务处理如下。

借：存货跌价准备

　贷：主营业务成本

【例 6-1】　2014 年 12 月 31 日，旺达公司甲材料的账面金额为 100 000 元，由于市场价格下跌，预计可变现净值为 80 000 元，该公司从 2014 年开始计提跌价准备。

（1）假设 2015 年 6 月 30 日，甲材料的账面金额为 100 000 元，由于市场价格有所上升，使得甲材料的预计可变现净值为 95 000 元。

（2）假设 2015 年 12 月 31 日，甲材料的账面金额为 100 000 元，由于市场价格进一步上升，预计可变现净值为 111 000 元。

① 2014 年 12 月 31 日的账务处理如下。

借：资产减值损失——计提的存货跌价准备　　　　20 000

　贷：存货跌价准备　　　　　　　　　　　　　　　　20 000

② 2015 年 6 月 30 日由于市场价格有所上升，甲材料的可变现净值有所恢复，应计提的存货跌价准备为 5 000 元（100 000－95 000），则当期应冲减已计提的存货跌价准备 15 000 元（5 000－20 000）小于已计提的存货跌价准备（20 000 元）。因此，应转回的存货跌价准备为 15 000 元，账务处理如下。

借：存货跌价准备　　　　　　　　　　　　　　　15 000

　贷：管理费用——计提的存货跌价准备　　　　　　　　15 000

③ 2015 年 12 月 31 日,甲材料的可变现净值有所恢复,应冲减存货跌价准备为 11 000 元(111 000-10 000),但是对甲材料已计提的存货跌价准备为 5 000 元。因此,当期应转回的存货跌价准备为 5 000 元而不是 11 000 元(即以将对甲材料已计提的"存货跌价准备"余额冲减至零为限),账务处理如下。

借:存货跌价准备　　　　　　　　　　　　　　　5 000
　　贷:管理费用——计提的存货跌价准备　　　　　　　　5 000

6.4　存货清查的账务处理

存货清查是对在库、在用、出借、出租和加工中的商品、在产品、自制半成品、产成品、材料、包装物和低值易耗品的数量和质量所进行的盘点和核对。会计核算要求企业必须定期或不定期地组织存货的清查,以确定存货的实存数,使账实相符,保证会计资料的可靠性。

存货清查通常采用实地盘点的方法,即通过盘点确定各种存货的实际库存数,并与账面结存数相核对。为了核算企业在财产清查中查明的各财产物资的盘盈、盘亏和毁损,企业应设置"待处理财产损益"科目,其明细账户有"待处理流动资产损益"科目。该账户借方反映流动资产盘亏、毁损或按照规定程序批准转销的盘盈数额,贷方反映流动资产的盘盈和按照规定转销的盘亏数额;期末余额若在借方,表示尚未处理的流动资产的净损失,若在贷方,表示尚未处理的流动资产的净益余。

1. 存货盘盈的核算

由于盘盈的存货没有账面记录,因此产生了盘盈,应该予以补记,按照存货的计划成本或估计价值,借记有关存货科目,贷记"待处理财产损益"科目;存货盘盈一般是由收发计量或核算上的差错所造成的,故应冲减管理费用,借记"待处理财产损益"科目,贷记"管理费用"科目。在按计划成本进行存货日常核算的情况下,盘盈存货按计划成本入账。

【例 6-2】　鸿运房地产开发企业经财产清查,盘盈水泥 1 吨,此类水泥的市场价格为每吨 3 000 元。

盘盈时根据存货盘点报告表,进行账务处理如下。

借:原材料——水泥　　　　　　　　　　　　　　3 000
　　贷:待处理财产损益——待处理流动资产损益　　　　3 000

经过企业经理会议批准,冲减管理费用,进行账务处理如下。

借:待处理财产损益——待处理流动资产损益　　　3 000
　　贷:管理费用　　　　　　　　　　　　　　　　　3 000

2. 存货盘亏和毁损的核算

存货的盘亏和毁损,先按其账面成本,借记"待处理财产损益"科目,贷记有关存货。经审批后,按发生的原因和相应的处理决定,分别进行转销。

(1) 属于自然损耗造成的定额内损耗的部分,应借记"管理费用"科目。

(2) 属于过失人责任造成的损失,应扣除其残料价值,借记"原材料""其他应收款"等科目;应向保险公司收取的赔偿金,借记"其他应收款——保险公司"科目。

（3）剩余净损失或未参加保险部分的损失,借记"营业外支出——非常损失"科目。

（4）若损失中有一般经营损失部分,借记"管理费用"科目。按盘亏和毁损数额,贷记"待处理财产损益"科目。

【例6-3】 顺达公司进行存货清查时,盘亏甲材料一批,该批材料账面价值为8 000元,经查明属于定额内损耗2 000元,其他属于自然灾害造成的损失,保险公司拒绝赔偿。

盘亏时,进行账务处理如下。

借：待处理财产损益——待处理流动资产损益　　　　　8 000

　　贷：原材料——甲材料　　　　　　　　　　　　　　　8 000

经批准处理后,进行账务处理如下。

借：管理费用　　　　　　　　　　　　　　　　　　2 000

　　营业外支出　　　　　　　　　　　　　　　　　6 000

　　贷：待处理财产损益——待处理流动资产损益　　　　8 000

6.5　低值易耗品的账务处理

低值易耗品是指劳动资料中单位价值在规定限额以下或使用年限比较短（一般在一年以内）的物品。低值易耗品按照用途可以划分为一般工具、专用工具、替换设备、管理用具、劳动保护用品、其他用具等。

为了反映和监督低值易耗品的增减变动及其结存情况,企业应当设置"周转材料——低值易耗品"科目。

低值易耗品可采用一次转销法或分次摊销法进行核算。

1. 购入低值易耗品

购入低值易耗品时的账务处理,借记"低值易耗品——在库"科目,贷记"银行存款"等科目。

【例6-4】 某物业管理企业购入一批工具,价值860元,以支票付款。根据购车发票及支票存根,进行账务处理如下。

借：低值易耗品——在库低值易耗品　　　　　　　860

　　贷：银行存款　　　　　　　　　　　　　　　　　860

2. 领用与摊销低值易耗品

低值易耗品摊销的主要方法有：一次摊销法、分次摊销、五五摊销法。

（1）一次摊销法

一次摊销是指在低值易耗品领用时,将其价值一次转入"管理费用""主营业务成本"科目的摊销方法。这种方法手续简便,适用于价值较低、使用期短、一次领用数量不变的物品。

【例6-5】 荣华公司职工领用劳保用品300元。根据"领用单",进行账务处理如下。

借：管理费用——低值易耗品   300

 贷：低值易耗品   300

（2）分次摊销法

分次摊销法是指在低值易耗品领用时，按预计的使用时间，分次将平均价值摊入费用的摊销方法。这种摊销方法，费用负担比较均衡，适用于单位价值较高，使用期限较长的物品。在核算上，领用时将低值易耗品的实际成本全部转入"待摊费用"账户，以后分期从"待摊费用"转入"管理费用"或"营业成本"账户中。

【例6-6】 永信公司车间职工领用周转材料，周转材料实际成本为1 440元，分10个月摊销。

领用周转材料时，账务处理如下。

借：待摊费用   1 440

 贷：银行存款   1 440

每月摊销时，账务处理如下。

借：管理费用——低值易耗品   144

 贷：待摊费用   144

（3）五五摊销法

五五摊销法是指在领用时，按低值易耗品价值的50%进行摊销；报废时，摊销其余的50%价值。采用这种方法，低值易耗品报废以前在账面上一直保留其价值的一半，表明在使用中的低值易耗品占用着一部分资金，有利于对实物的使用进行管理，防止出现大量的账外物资。采用五五摊销法需设置"在库低值易耗品""在用低值易耗品""低值易耗品摊销"三个明细科目。

【例6-7】 景宏公司采用五五摊销法对在用低值易耗品进行核算。某车间领用库存新低值易耗品一批，实际成本为2 000元。

景宏公司的相关账务处理如下。

① 领取低值易耗品时

借：低值易耗品——在用低值易耗品   2 000

 贷：低值易耗品——在库低值易耗品   2 000

② 低值易耗品摊销费用时

借：管理费用/制造费用   1 000

 贷：低值易耗品——在用低值易耗品   1 000

③ 低值易耗品报废时

借：管理费用/制造费用   800

  原材料（残值收入，如果有）   200

 贷：低值易耗品——在用低值易耗品   1 000

课后思考题

1. 存货包括哪些种类？
2. 存货取得和发出的计价方法分别有哪些？
3. 可变现净值估计售价的确定方法有哪些??
4. 存货跌价准备的核算方法有哪些？
5. 存货清查如何进行账务处理？
6. 低值易耗品摊销如何进行账务处理？

第 7 章　应收及预付款项

【本章学习目标】
- 了解应收账款、应收票据、其他应收款、预付账款的含义。
- 掌握应收账款、应收票据、其他应收款、预付账款的账务处理。

7.1 应收账款账务处理

应收账款是指企业因销售商品、提供劳务等经营活动,应向购货单位或接受劳务单位收取的款项。应收账款主要包括企业销售商品或提供劳务等应向有关债务人收取的价款及代购货单位垫付的包装费、运杂费等。

为了反映应收账款的增减变动及其结存情况,企业应设置"应收账款"科目,不单独设置"预收账款"科目的企业,预收的账款也在"应收账款"科目核算。

在商品、产品销售时,无折扣折让和有折扣折让情况下的应收账款账务处理有所不同。

1. 无折扣折让情况下的账务处理

【例 7-1】　金太阳公司向兴安公司销售产品一批,货款 100 000 元,增值税额 17 000元,以银行存款代垫运杂费 500 元,款项尚未收到。

金太阳公司的相关账务处理如下。

借:应收账款——兴安公司　　　　　　　　117 500
　　贷:主营业务收入　　　　　　　　　　　　100 000
　　　　应交税费——应交增值税(销项税额)　　17 000
　　　　银行存款　　　　　　　　　　　　　　　500

【例 7-2】　接例 7-1,接到银行收款通知,金太阳公司应收兴安公司款项已收回入账。

金太阳公司的相关账务处理如下。

借:银行存款　　　　　　　　　　　　　　　117 500
　　贷:应收账款——兴安公司　　　　　　　　117 500

2. 有商业折扣折让情况下的账务处理

商业折扣是指销货企业为了鼓励客户多购商品而在商品标价上给予的扣除。例如,企业规定,购买 10 件以上商品给予 10% 的折扣,或客户每买 10 件送 1 件。另外,企业为了尽快出售一些残次、陈旧、冷背的商品,也可能降价(即打折)销售。由于商业折扣在销售发生时即已发生,企业应按扣除商业折扣后的净额确认销售收入和应收账款。

【例7-3】　和赢公司赊销商品一批,按价目表的价格计算,货款金额总计100 000元,给买方的商业折扣为10%,适用增值税税率为17%,代垫运杂费5 000元。

(1)在销售时有商业折扣的情况下,应收账款和销售收入按扣除商业折扣后的金额入账,账务处理如下。

借:应收账款 110 300
　　贷:主营业务收入 90 000
　　　　应交税费——应交增值税(销项税额) 15 300
　　　　银行存款 5 000

(2)收到货款时,账务处理如下。

借:银行存款 110 300
　　贷:应收账款 110 300

3. 有现金折扣折让情况下的账务处理

现金折扣是指在赊销方式下,企业为了鼓励客户提前偿付货款而向客户提供的债务扣除。现金折扣一般用"折扣率/付款期限"来表示。例如,"2/10-1/20-N/30"表示:买方在10天内付款,销货企业将按商品售价给客户2%的折扣;买方在11天至20日内付款,企业将按售价给客户1%的折扣;企业允许客户最长付款期限为30天,但客户在21天至30天内付款,将不能享受到现金折扣。

【例7-4】　腾飞公司于10月2日销售一批产品。按价目表标明的价格计算,金额为40 000元(不含税)。由于是成批销售,该企业给予购货方10%的商业折扣,提供的现金折扣条件为"2/10-1/20-N/30",适用增值税税率为17%。客户于10月19日支付货款。

腾飞公司的相关账务处理如下。

(1)10月2日销售商品时

应收账款的入账价值=40 000×90%×(1+17%)=42 120(元)

借:应收账款 42 120
　　贷:主营业务收入 36 000
　　　　应交税费——应交增值税(销项税额) 6 120

(2)10月19日收到货款时

如折扣额含增值税,现金折扣=42 120×1%=421.20(元)。

借:银行存款 41 698.80
　　财务费用 421.20
　　贷:应收账款 42 120

如折扣额不含增值税,现金折扣=36 000×1%=360(元)。

借:银行存款 41 760
　　财务费用 360
　　贷:应收账款 42 120

7.2　应收票据账务处理

应收票据是指企业因销售商品、提供劳务等而收到的商业汇票。商业汇票的付款期一般在1个月以上、6个月以内。符合条件的商业汇票的持票人，可以持未到期的商业汇票和贴现凭证向银行申请贴现。

在我国应收票据、应付票据通常是指"商业汇票"。根据承兑人不同，商业汇票可以分为"银行承兑汇票"和"商业承兑汇票"两种。商业承兑汇票是付款人签发并承兑，或由收款人签发交由付款人承兑的汇票。银行承兑汇票是由在承兑银行开立存款账户的存款人出票，由承兑银行承兑的票据。

常见的应收账款账务处理有以下几种。

1. 商业汇票取得时的账务处理

按照取得应收票据的方式不同可以分为：企业因债务人抵偿前欠货款而收到的应收票据和企业因销售商品、提供劳务等而收到的应收票据。具体账务处理如下。

（1）企业因债务人抵偿前欠货款而收到的应收票据

因债务人抵偿前欠货款而收到的应收票据，应借记"应收票据"科目，贷记"应收账款"科目。

（2）企业因销售商品、提供劳务等而收到的应收票据

企业因销售商品、提供劳务等而收到的应收票据，应借记"应收票据"科目，贷记"主营业务收入""应交税费——应交增值税（销项税额）"等科目。

如为带息应收票据，应在会计期末（一般是月末）时，按应收票据的票面价值和确定的利率计提利息，借记"应收票据"科目，贷记"财务费用"科目。

【例7-5】　2015年3月31日，恒动公司销售给客户悦达公司产品一批，货款102 564元，增值税额17 436元，当日收到商业承兑汇票面值120 000元，利率6%，期限5个月。恒动公司于上半年末和年度终了计提应收票据利息。

恒动公司的相关账务处理如下。

① 2015年3月31日收到票据时

借：应收票据　　　　　　　　　　　　　　　120 000
　　贷：主营业务收入　　　　　　　　　　　102 564
　　　　应交税金——应交增值税（销项税额）　　17 436

② 2015年6月30日计提利息时

$$应计利息＝120\,000×6\%×3÷12＝1\,800$$

借：应收票据　　　　　　　　　　　　　　　1 800
　　贷：财务费用　　　　　　　　　　　　　　　1 800

2. 商业汇票到期收回款项时的账务处理

商业汇票到期收回款项时，应按实际收到的金额，借记"银行存款"科目，贷记"应收票据"科目。如为带息应付票据到期收回时，应按收到的本息，借记"银行存款"科目，按票面

价值,贷记"应收票据"科目,按其差额,贷记"财务费用"科目。

【例7-6】 接例7-5 2015年8月31日商业承兑汇票到期收到款项时,账务处理如下。

$$到期价值＝120\ 000×(1＋6\%×5÷12)＝123\ 000(元)$$
$$到期利息＝123\ 000－120\ 000＝3\ 000(元)$$

借:银行存款 123 000
　贷:应收票据 121 800
　　财务费用 1 200

3. 商业汇票背书转让的账务处理

应收票据的转让是指持票人因偿还前借款等原因,将未到期的商业汇票背书转让给其他单位或者是个人的业务活动。背书是指持票人在票据背面签字,签字人称为背书人,背书人对于票据的到期付款负有连带责任。

企业将持有的商业汇票背书转让以取得所需物资时,按应计入取得物资成本的金额,借记"原材料""库存商品"等科目,按专用发票上注明的可抵扣的增值税额,借记"应交税费——应交增值税(进项税额)"科目,按商业汇票的票面金额,贷记"应收票据"科目,如有差额,借记或贷记"银行存款"等科目。

【例7-7】 顺风公司2015年3月11日取得一张商业票据,票据面值为10 000元,票面利率为12%,6个月期限;2015年4月15日将该商业票据背书转让,用于购进原材料,专用发票注明价款为12 000元,进项税额为2 040元,差额部分通过银行支付。

背书转让时的账务处理如下。

$$应收票据＝10\ 000＋300＝10\ 300(元)$$
$$财务费用＝10\ 000×12\%÷12×1＝100(元)$$

借:原材料等 12 000
　应交税金——应交增值税(进项税额) 2 040
　贷:应收票据 10 300
　　财务费用 100
　　银行存款 3 640

4. 商业汇票到期时承兑人无力支付款项

因付款人无力支付票款,企业收到银行退回的商业承兑汇票、委托收款凭证、未付票款通知书或拒绝付款证明等,应按照商业汇票的票面金额,借记"应收账款"科目,贷记"应收票据"科目。

5. 应收票据贴现的账务处理

应收票据贴现的账务处理如下。企业应按实际收到的金额,借记"银行存款"科目,按贴现息部分,借记"财务费用"科目,按应收票据的票面价值,贷记"应收票据"科目;如为带息应收票据,按实际收到的金额,借记"银行存款"科目,按应收票据的账面价值,贷记"应收票据"科目,按其差额,借记或贷记"财务费用"科目。

应收票据贴现分为附追索权和不附追索权的应收票据贴现两种。

1）不附追索权的应收票据贴现

不附追索权的应收票据贴现,相当于贴现后,到期承兑人不付款时,被贴现人无权要求贴现人归还贴现款。这样该项金融资产的风险与报酬均通过贴现转移给了被贴现人,这就符合了金融资产转移准则中有关金融资产终止的确认条件。这时的贴现利息是因为贴现行为而产生的一笔融资费用,所以可以全额一次计入"财务费用"科目。企业向银行贴现时,借记"银行存款""财务费用"科目,贷记"应收票据"科目。票据到期时,承兑人无论是否支付,都与贴现企业无关,贴现企业无须进行账务处理。

2）附追索权的应收票据贴现

对于附追索权的应收票据贴现应通过分析与该应收票据所有权有关的风险和报酬是否转移,若风险和报酬已经转移,企业终止确认应收票据,实际收到的金额与应收票据账面价值之间的差额计入当期损益,同时在报表附注中披露因应收票据贴现而承担的连带还款责任;若风险报酬未发生转移,企业不应该终止确认应收票据,实际收到的金额确认为一项负债。一般账务处理如下。

（1）企业向银行贴现时

借：银行存款

　　短期借款——利息调整

　　贷：短期借款——成本

（2）"短期借款——利息调整"从贴现日至票据到期日进行摊销

借：财务费用

　　贷：短期借款——利息调整

（3）票据到期时,承兑人的银行存款账户不足支付

借：短期借款——成本

　　贷：银行存款

借：应收账款

　　贷：应收票据

【例 7-8】　企业收到购货单位交来 2015 年 2 月 1 日签发的带息商业票据一张,票面利率为 4%,金额 90 000 元,承兑期限 3 个月。不带追索权,2015 年 4 月 1 日企业持汇票向银行申请贴现,年贴现率 5%。

企业相关账务处理如下。

$$到期值 = 90\,000 \times (1 + 4\% \times 5 \div 12) = 91\,500(元)$$
$$贴现息 = 91\,500 \times 5\% \times 4 \div 12 = 1\,525(元)$$
$$贴现净额 = 91\,500 - 1\,525 = 89\,975(元)$$

（1）2015 年 2 月 1 日期末计提利息时,账务处理如下。

借：应收票据　　　　　　　　　　　　　　　　　　300

　　贷：财务费用　　　　　　　　　　　　　　　　　　300

（2）2015 年 4 月 1 日贴现时,账务处理如下。

借：银行存款　　　　　　　　　　　　　　　　　89 975

　　财务费用　　　　　　　　　　　　　　　　　　325

　　贷：应收票据　　　　　　　　　　　　　　　90 300

（3）若该票据为不带息票据，则

票据到期值＝90 000(元)

贴现息＝90 000×5％×30÷360＝375(元)

贴现净额＝90 000－375＝99 167(元)

　　借：银行存款　　　　　　　　　　　　　　　99 167

　　　　财务费用　　　　　　　　　　　　　　　　833

　　　贷：应收票据　　　　　　　　　　　　　　100 000

7.3　其他应收款账务处理

其他应收款是企业应收款项的另一重要组成部分，是企业除了应收票据、应收账款和预付账款以外的各种应收暂付款项。

其他应收款主要包括以下几种款项。

（1）应收的各种赔款、罚款。例如，因企业财产等遭受意外损失而应向有关保险公司收取的赔款等。

（2）应收的出租物租金。

（3）应收职工收取的各种垫付款项。例如，为职工垫付的水电费、应由职工负担的医药费、房租费等。

（4）存出保证金。例如，租入包装物支付的押金。

（5）其他各种应收、暂付款项。

其他应收款应当按实际发生的金额入账。为了反映和监督其他应收款的增减变动及其结存情况，企业应当设置"其他应收款"科目进行核算。

1. 备用金的账务处理

企业为了方便支付给职工和企业内部有关单位差旅费、零星采购、零星开支等用途的款项，一般会预留备用金。在进行其他应收款的账务处理时，"备用金"作为"其他应收款"账户的明细账户。

备用金管理的常见形式是定额备用金。定额备用金在报销时，由财会部门对各项原始凭证进行审核，根据核定的报销数付给报销现金，并补足备用金定额。除收回备用金或备用金定额变动外，账面上的备用金将经常保持核定的备用金定额。

【例7-9】　运通公司手机生产车间核定的备用金定额为8 000元，以库存现金拨付。

　　借：其他应收款——备用金——手机车间　　　8 000

　　　贷：库存现金　　　　　　　　　　　　　　　8 000

计算机生产车间5月报销日常管理支出5 600元。

　　借：制造费用　　　　　　　　　　　　　　　5 600

　　　贷：库存现金　　　　　　　　　　　　　　　5 600

2. 存出保证金的账务处理

存出保证金是指企业租入包装物和其他资产时,向对方支付的保证金和押金等。下面以租入包装物为例,说明存出保证金的账务处理。

【例 7-10】 企业租入一批包装物,支出押金 3 000 元。

(1) 租入包装物时,账务处理如下。

借:其他应收款——存出保证金　　　　　　　　3 000
　　贷:银行存款　　　　　　　　　　　　　　　　3 000

(2) 归还租入包装物时,收回押金,账务处理如下。

借:银行存款　　　　　　　　　　　　　　　　3 000
　　贷:其他应收款——存出保证金　　　　　　　　3 000

3. 应收租金、赔款、罚款的账务处理

(1) 应收租金的会计处理

借:其他应收款——应收租金
　　贷:其他业务收入

(2) 应收赔款、罚款的账务处理

借:其他应收款
　　贷:营业外收入

4. 其他应收款的坏账处理

企业定期或者年度终了时应该对其持有的其他应收款进行检查,预计其可能发生的坏账损失,并计提坏账准备。对其他应收款计提坏账准备时,应设置"坏账准备——计提其他应收款准备"科目。

其他应收款的坏账经批准,借记"坏账准备"科目,贷记"其他应收款"科目;已确认并转销的坏账损失,以后再收回,按实际收回的金额,借记"其他应收款"科目,贷记"坏账准备"科目;同时借记"银行存款"科目,贷记"其他应收款"科目。

【例 7-11】 凌志公司 2014 年 12 月 31 日,发现员工王明有 3 000 元预借差旅费未归还,经查该员工已经离职,确认无法收回该笔款项。

凌志公司的相关账务处理如下。

借:坏账准备　　　　　　　　　　　　　　　　3 000
　　贷:其他应收款——员工　　　　　　　　　　　3 000

7.4　预付账款账务处理

预收账款指买卖双方协议商定,由购货方预先支付一部分货款给供应方而发生的一项负债。预收账款一般包括预收的货款、预收购货定金。

企业应设置"预付账款"科目,核算企业按照购货合同规定预付给供货单位的款项。

(1) 企业因购货而预付的款项,借记"预付账款"科目,贷记"银行存款"科目。

(2) 收到所购物资时,根据发票账单等列明应计入购入物资成本的金额,借记"原材料""库存商品"等科目,按专用发票上注明的增值税额,借记"应交税金——应交增值税(进项税额)"科目,按应付金额,贷记"预付账款"科目。

(3)补付的款项,借记"预付账款"科目,贷记"银行存款"科目。

(4)退回多付的款项,借记"银行存款"科目,贷记"预付账款"科目。

【例 7-12】 森达公司向兴仁公司购买原材料,通过银行转账预付 150 000 元材料款。收到原材料及专用发票时,货款价为 200 000 元,增值税为 34 000 元,需要补付 84 000 元。

① 转账付款后,账务处理如下。

借:预付账款——兴仁公司	150 000	
贷:银行存款		150 000

② 收到原材料及专用发票时,账务处理如下。

借:物资采购	200 000	
应交税金——应交增值税(进项税额)	34 000	
贷:预付账款——兴仁公司		234 000

③ 补付货款时,账务处理如下。

借:预付账款——兴仁公司	84 000	
贷:银行存款		84 000

课后思考题

1. 应收账款如何进行账务处理?

2. 应收票据如何进行账务处理?

3. 企业备用金,存出保证金,应收租金、赔款、罚款如何进行账务处理?

4. 预付账款如何进行账务处理?

第8章

固定资产和无形资产

【本章学习目标】
- 了解固定资产的概念、分类,无形资产的概念。
- 理解固定资产折旧,无形资产的摊销。
- 掌握固定资产的初始计量、处置。

8.1 固定资产的概念及分类

固定资产是指企业为生产产品、提供劳务、出租或者经营管理而持有的,使用期限超过 12 个月的房屋、建筑物、机器、机械、运输工具以及其他与生产经营有关的设备、器具、工具等。不属于生产经营主要设备,但单位价值在 2 000 元以上,并且使用年限超过 2 年的物品,一般也视作固定资产。

1. 固定资产的特征和确认

固定资产是有形的资产,同时具有下列特征。

(1) 为生产商品、提供劳务、出租或经营管理而持有的资产。

(2) 使用年限超过一个会计年度。

(3) 单位价值较高。

固定资产需要同时满足下列条件,才能予以确认。

(1) 与该固定资产有关的经济利益很可能流入企业。

(2) 该固定资产的成本能够可靠地计量。

2. 固定资产的分类

根据各单位的管理和核算的实际需要,可以将固定资产按其经济用途、使用情况、产权归属、实物形态和最短使用期限进行分类,如表 8-1 所示。

表 8-1　固定资产分类表

分 类 标 准	固定资产类型	分 类 标 准	固定资产类型
经济用途	生产经营用固定资产	产权归属	租出的固定资产
	非生产经营用固定资产		自有固定资产
使用情况	使用中固定资产		租入固定资产
	未使用的固定资产	实物形态	房屋及建筑物类固定资产
	不再使用的固定资产		机器设备类固定资产

续表

分 类 标 准	固定资产类型	分 类 标 准	固定资产类型
实物形态	电子设备类固定资产	最短使用期限	最短使用期为 5 年的固定资产
	运输设备类固定资产		最短使用期为 10 年的固定资产
	其他类型的固定资产		最短使用期为 20 年的固定资产

8.2 固定资产的初始计量

固定资产应当按照其成本进行初始计量。初始计量指的是对一项业务(主要涉及资产)入账时针对入账金额和入账方式(科目)等的核算计量。固定资产的成本,是指企业购建某项固定资产达到预定可使用状态前所发生的一切合理、必要的支出。这些支出包括直接发生的价款、运杂费、包装费和安装成本等,也包括间接发生的,如应承担的借款利息、外币借款折算差额以及应分摊的其他间接费用。

根据取得固定资产的方式不同,固定资产的初始计量可以分为以下几种情况。

1. 外购固定资产

企业外购固定资产的成本,包括购买价款、相关税费、使固定资产达到预定可使用状态前所发生的可归属于该项资产的运输费、装卸费、安装费和专业人员服务费等。

外购固定资产分为购入不需要安装的固定资产和购入需要安装的固定资产两类。

(1)企业购入不需要安装的固定资产,账务处理如下。

借:固定资产

　　贷:银行存款等

(2)购入需要安装的固定资产,账务处理如下。

① 开始安装时的账务处理。

借:在建工程

　　贷:银行存款等

② 达到预定可使用状态时的固定资产的账务处理

借:固定资产

　　贷:在建工程

2. 自行建造固定资产

自行建造的固定资产,按建造该项资产达到预定可使用状态前所发生的必要支出,作为入账价值。企业自行建造固定资产包括自营建造和出包建造两种方式。

"建造该项资产达到预定可使用状态前所发生的必要支出",包括工程用物资成本、人工成本、交纳的相关税费、应予资本化的借款费用以及应分摊的间接费用等。

企业为在建工程准备的各种物资,应把实际支付的购买价款,增值税税额、运输费、保险费等相关税费作为实际成本,并按各种专项物资的种类进行明细核算。

3．融资租入的固定资产

在租赁期开始日，承租人应当将租赁开始日租赁资产公允价值与最低租赁付款额现值两者中较低者作为租入资产的入账价值，将最低租赁付款额作为长期应付款的入账价值，其差额作为未确认融资费用。

最低租赁付款额包括以下几个内容。

（1）各期支付的租金。

（2）承租人或与其有关的第三方担保的资产余值。

（3）承租人到期行使购买权时支付的款项。

融资租入的固定资产的账务处理如下。

融资租入的固定资产＝租赁资产的公允价值与最低租赁付款额现值孰低
＋初始直接费用

借：固定资产——融资租入固定资产
　　未确认融资费用（差额）
　贷：长期应付款——最低租赁付款额
　　　银行存款等

4．存在弃置费用的固定资产

对于石油、天然气、核电站等，弃置费用的金额较大，按照现值计算确定应计入固定资产原价的金额和相应的预计负债。会计核算时，应在取得固定资产时，按预计弃置费用的现值，借记"固定资产"科目，贷记"预计负债"科目。在该固定资产的使用寿命内，计算确定各期应负担的利息费用，借记"财务费用"科目，贷记"预计负债"科目。

8.3　固定资产折旧

固定资产折旧是指在固定资产使用寿命内，按照确定的方法对应计折旧额进行系统分摊。

应计折旧额是指应计提折旧的固定资产的原价扣除其预计净残值后的金额。

1．固定资产折旧的影响因素

影响固定资产折旧的因素主要有以下几个方面。

1）固定资产原价

固定资产原价是指固定资产的成本。已达到预定可使用状态、但尚未办理竣工决算的固定资产，应当按照估计价值确定其成本，并计提折旧；待办理竣工决算手续后，再按实际成本调整原来的暂估价值，但不需要调整原已计提的折旧额。

2）预计净残值

预计净残值是指假定固定资产预计使用寿命已满并处于使用寿命终了时的预期状态，企业目前从该项资产处置中获得的扣除预计处置费用后的金额。

3）固定资产的使用寿命

企业确定固定资产使用寿命时，应当考虑下列因素。

（1）该资产的预计生产能力或实物产量。

（2）该资产的有形损耗，如设备使用中发生磨损、房屋建筑物受到自然侵蚀等。

（3）该资产的无形损耗，如因新技术的出现而使现有的资产技术水平相对陈旧、市场需求变化使产品过时等。

（4）法律或类似规定对该项资产使用的限制。

4）固定资产减值准备

固定资产减值折旧需要考虑固定资产已计提的减值准备累计金额。

2. 固定资产折旧的范围

凡是属于企业的固定资产均需要计提折旧，但是不包括已经提足折旧的固定资产以及单独计价入账的土地。

确定折旧范围时需要注意以下几点。

（1）已达到预定可使用状态尚未办理竣工决算的固定资产，应当按照估计价值确定其成本，并计提折旧；待办理竣工决算后，再按实际成本调整原来的暂估价值，但不需要调整原已计提的折旧额。

（2）处于更新改造过程且停止使用的固定资产，应将其账面价值转入在建工程，不再计提折旧。更新改造项目达到预定可使用状态转为固定资产后，再按照重新确定的折旧方法和该项固定资产尚可使用寿命计提折旧。

（3）因进行大修理而停用的固定资产，仍然要提折旧，计提的折旧额应计入相关资产成本或当期损益。

3. 固定资产折旧的方法

企业应根据固定资产所含经济利益的预期实现方式选择折旧方法。固定资产的折旧方法主要包括直线法、工作量法、双倍余额递减法、年数总和法等。在一年内，固定资产折旧方法不能修改。在各折旧方法中，当已提月份不小于预计使用月份时，将不再进行折旧。本期增加的固定资产当期不提折旧，当期减少的固定资产要计提折旧，以符合可比性原则。

1）直线法

直线法又称平均年限法，是将固定资产的折旧额均衡地分摊到各期的一种方法，各期计提的折旧额是相同的。固定资产折旧额的计算公式如下。

$$固定资产年折旧额＝（固定资产原价－预计净残值）÷折旧年限$$
$$固定资产月折旧额＝固定资产年折旧额÷12$$

【例 8-1】 甲企业某项固定资产原价为 50 000 元，预计使用年限为 10 年，预计残值收入为 3 000 元。

计算固定资产折旧额如下。

$$固定资产年折旧额＝[50\ 000－（3\ 000－1\ 000）]÷10＝4\ 800（元/年）$$
$$固定资产月折旧额＝（4\ 800÷12）＝400（元/月）$$

2）工作量法

工作量法是指根据实际工作量计提折旧额的一种方法。计算时先计算出每单位工作量的折旧额，再根据每单位工作量的折旧额计算出某项固定资产月折旧额。固定资产折旧额的计算公式如下。

$$单位工作量折旧额=固定资产原价×(1-预计净残值率)÷预计总工作量$$

$$固定资产月折旧额=该项固定资产当月工作量×单位工作量折旧额$$

【例8-2】 某公司有货运卡车一辆,原价为150 000元,预计净残值率为5%,预计总行驶里程为300 000千米,当月行驶里程为5 000千米。

该项固定资产的月折旧额计算如下。

$$单程里程折旧额=15 000×(1-5\%)÷300 000=0.475(元/千米)$$

$$本月折旧额=5 000×0.475=2 375(元)$$

3) 双倍余额递减法

双倍余额递减法是在不考虑固定资产残值的情况下,根据每期期初固定资产账面净值和双倍的直线法折旧率计算固定资产折旧的一种方法。

在使用双倍余额递减法时要注意:在最后两年计提折旧时,将固定资产账面净值扣除预计净残值后的净值平均摊销。

相关计算公式如下。

$$年折旧率=2÷预计使用寿命(年)×100\%$$

$$月折旧率=年折旧率÷12$$

$$月折旧额=固定资产净值×月折旧率$$

【例8-3】 某电子生产企业进口一条生产线,固定资产原价为300 000元,预计净残值为8 000元,预计使用年限5年。

该生产线按双倍余额递减法计算的各年折旧额如下。

$$双倍直线折旧率=(2÷5)×100\%=40\%$$

$$第一年应提折旧=300 000×40\%=120 000(元)$$

$$第二年应提折旧=300 000-120 000×40\%=72 000(元)$$

$$第三年应提折旧=300 000-120 000-72 000×40\%=43 200(元)$$

$$第四年固定资产账面价值=300 000-120 000-72 000-43 200=64 800(元)$$

$$第四、五年应提折旧=(64 800-8 000)÷2=28 400(元)$$

每年各月折旧额根据年折旧额除以12来计算。

4) 年数总和法

年数总和法又称年限合计法,是将固定资产的原值减去预计净残值后的净额乘以一个逐年递减的分数计算每年的折旧额,这个分数的分子代表固定资产尚可使用的年数,分母代表使用年限的逐年数字总和。年数总和法计算固定资产折旧的相关计算公式如下。

$$年折旧率=尚可使用寿命÷预计使用寿命的年数总和×100\%$$

$$月折旧率=年折旧率×12$$

$$月折旧额=(固定资产原价-预计净残值)×月折旧率$$

8.4 固定资产的处置

固定资产的处置方式包括持有待售、出售、转让、报废等。

企业持有待售的固定资产,应当对其预计净残值进行调整。

企业出售、转让、报废固定资产或发生固定资产毁损,应当将处置收入扣除账面价值和相关税费后的金额计入当期营业外支出。此处的"账面价值"是固定资产成本扣减累计折旧和累计减值准备后的金额。

固定资产处置通过"固定资产清理"科目进行核算,常见的账务处理包括如下内容。

1. 固定资产转入清理

固定资产转入清理时,按固定资产账面价值,借记"固定资产清理"科目,按已计提的累计折旧,借记"累计折旧"科目,按已计提的减值准备,借记"固定资产减值准备"科目,按固定资产账面余额,贷记"固定资产"科目。

2. 发生的清理费用

清理过程中发生的其他费用以及应支付的相关税费,借记"固定资产"科目,贷记"银行存款""应交税费——应交营业税"等科目。

3. 出售收入和残料等的处理

企业收回出售固定资产的价款、残料价值和变价收入等时,借记"银行存款""原材料"等科目,贷记"固定资产"科目。

4. 保险赔偿的处理

应由保险公司或过失人赔偿的损失,借记"其他应收款"等科目,贷记"固定资产"科目。

5. "固定资产"科目余额的处理

(1) 固定资产清理完成后,本科目的借方余额,属于筹建期间的,借记"管理费用"科目,贷记"固定资产"科目;属于生产经营期间由于自然灾害等非正常原因造成的损失,借记"营业外支出——非常损失"科目,贷记"固定资产"科目;属于生产经营期间正常处理损失的,借记"营业外支出——处置非流动资产损失"科目,贷记"固定资产"科目。

(2) 固定资产清理完成后,本科目的贷方余额,属于筹建期间的,借记"固定资产"科目,贷记"管理费用"科目;属于生产经营期间的,借记"固定资产"科目,贷记"营业外收入——处置非流动资产利得"科目。

【例 8-4】 某公司因火灾烧毁仓库一座,原值 52 000 元,已提折旧 22 000 元,保险公司赔偿 15 000 元通过银行已支付。清理残料变卖收入现金 1 100 元,以现金开支清理费 1 300 元。

该公司相关的账务处理如下。

① 注销固定资产和折旧时

借:固定资产清理——仓库   30 000

     累计折旧   22 000

　　贷：固定资产——仓库　　　　　　　　　　　　　　　52 000
　②　支付清理费用时
　借：固定资产清理——仓库　　　　　　　　　　　　　1 300
　　贷：现金　　　　　　　　　　　　　　　　　　　　　　　1 300
　③　保险公司赔偿时
　借：银行存款　　　　　　　　　　　　　　　　　　　15 000
　　贷：固定资产清理——仓库　　　　　　　　　　　　　15 000
　④　残料变卖收入时
　借：现金　　　　　　　　　　　　　　　　　　　　　1 100
　　贷：固定资产清理——仓库　　　　　　　　　　　　　1 100

8.5　固定资产盘点

　　由于固定资产价值很大,并且是企业重要的生产资料和物质资源,因此需要对固定资产定期进行盘点。盘点内容主要包括核实资产数量、型号(面积)、单价、价值;核查资产质量,损毁情况;核对资产手续是否完善,证册是否完备等。

　　固定资产盘点后,一般会出现盘盈和盘亏两种情况。企业应编制固定资产盘盈、盘亏表,作为账务处理的依据。

　1. 固定资产盘亏

　　固定资产盘亏造成的损失,应当计入当期损益。企业在财产清查中盘亏的固定资产,按盘亏固定资产的账面价值,借记“待处理财产损益——待处理固定资产损益”科目,按已计提的累计折旧,借记“累计折旧”科目,按已计提的减值准备,借记“固定资产减值准备”科目,按固定资产原价,贷记“固定资产”科目。按管理权限报经批准后处理时,按可收回的保险赔偿或过失人赔偿,借记“其他应收款”科目,按应计入营业外支出的金额,借记“营业外支出——盘亏损失”科目,贷记“待处理财产损益”科目。

　　【例 8-5】　宏大公司年末对固定资产进行盘点,发现丢失一台电机。该电机原价52 000 元,已计提折旧 20 000 元,并已计提减值准备 12 000 元。经查电机丢失的原因在于保管员王某看守不当。经批准,由保管员赔偿 5 000 元。

　　在不考虑增值税的情况下,宏大公司的相关账务处理如下。
　①　发现电机丢失时
　借：待处理财产损益——待处理固定资产损益——电机　　　20 000
　　累计折旧　　　　　　　　　　　　　　　　　　　　20 000
　　固定资产减值准备——冷冻设备　　　　　　　　　　　12 000
　　贷：固定资产——冷冻设备　　　　　　　　　　　　　　52 000
　②　报经批准后
　借：其他应收款——王某　　　　　　　　　　　　　　5 000
　　营业外支出——盘亏损失　　　　　　　　　　　　　15 000

    贷：待处理财产损益——待处理固定资产损益——电机　　　　20 000

2. 固定资产盘盈

盘盈固定资产,应作为前期差错处理,在按管理权限报经批准处理前应先通过"以前年度损益调整"科目核算。

盘盈的固定资产,应按以下规定确定其入账价值。

(1) 如果同类或类似固定资产存在活跃市场的,按同类或类似固定资产的市场价格,减去按该项资产的新旧程度估计的价值损耗后的余额,作为入账价值。

(2) 若同类或类似固定资产不存在活跃市场的,按该项固定资产的预计未来现金流量的现值,作为入账价值。

【例8-6】 某企业于2013年3月31日对企业全部的固定资产进行盘查,盘盈一台8成新的机器设备,该设备同类产品市场价格为100 000元,企业所得税税率为25%,盈余公积提取比例为10%。

该公司的相关账务处理如下。

① 发现盘盈时

借：固定资产　　　　　　　　　　　　　　　80 000
　　贷：以前年度损益调整　　　　　　　　　　　　80 000

② 报经批准后

　　　　　　应交税费——应交所得税＝80 000×25%＝20 000(元)

　　　　　　盈余公积＝60 000×10%＝6 000(元)

　　　　　　利润分配——未分配利润＝60 000－6 000＝54 000(元)

借：以前年度损益调整　　　　　　　　　　　80 000
　　贷：应交税费——应交所得税　　　　　　　　　20 000
　　　　盈余公积　　　　　　　　　　　　　　　　6 000
　　　　利润分配——未分配利润　　　　　　　　　54 000

8.6　无形资产概述

无形资产,是指企业拥有或者控制的没有实物形态的可辨认非货币性资产。无形资产通常包括专利权、非专利权、商标权、著作权、土地使用权等。

1. 无形资产的特征和确认

无形资产具有以下特征。

(1) 无形资产不具有实物形态。

(2) 无形资产属于非货币性资产。

(3) 无形资产具有可辨认性。

无形资产同时满足下列条件的,才能予以确认。

(1) 与该无形资产有关的经济利益很可能流入企业。

(2) 该无形资产的成本能够可靠地计量。

企业自创商誉以及内部产生的品牌、报刊名等，不应确认为无形资产。

2．无形资产的分类

无形资产按照不同的标准有不同的分类方式，如表 8-2 所示。

表 8-2　无形资产分类表

分 类 标 准	无形资产类型	具 体 示 例
按照取得途径分类	外部取得的无形资产	如外部购买、接受捐赠取得的商标权等
	自创的无形资产	如自行开发某项专利的使用权等
按照有效期进行分类	有使用期限的无形资产	如专利权
	无使用期限的无形资产	如专有技术

8.7　无形资产的计量

无形资产通常是按实际成本计量，即以取得无形资产并使之达到预定用途而发生的全部支出，作为无形资产的成本。对于不同来源取得的无形资产，其初始成本构成也不尽相同。

1．内部研发费用的确认和计量

对于企业自行进行的研究开发项目，需要对研究阶段与开发阶段的研发费用分别进行核算，如图 8-1 所示。

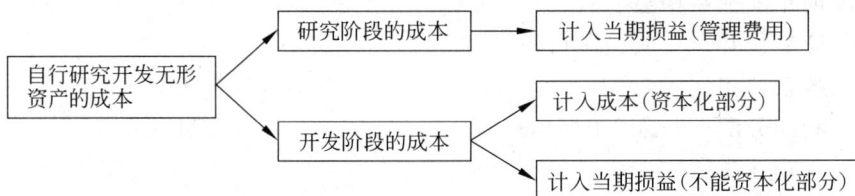

图 8-1　研究阶段与开发阶段的研发费用核算

1）研究阶段

研究阶段是指为获取并理解新的科学或技术知识而进行的独创性的有计划调查。属于探索性的过程，为开发活动进行资料及相关方面的准备，但是否能够转入开发、开发后是否会形成无形资产等具有较大的不确定性。因此，研究阶段发生的支出，应计入当期损益（管理费用）。

2）开发阶段

开发阶段是指在进行商业性生产或使用前，将研究成果或其他知识应用于某项计划或设计，以生产出新的或具有实质性改进的材料、装置、产品等。在该阶段，在很大程度上形成一项新产品或新技术的基本条件已经具备。因此，在企业开发阶段发生的支出，具体账务处理方法如下。

（1）企业开发阶段发生的支出，不满足资本化条件的情况，借记"研发支出——费用化支出"科目;满足资本化条件的,借记"研发支出——资本化支出"科目,贷记"原材料""银行存款""应付职工薪酬"等科目。

（2）研究开发项目达到预定用途形成无形资产的情况,应按"研发支出——资本化支出"科目的余额,借记"无形资产"科目,贷记"研发支出——资本化支出"科目。

【例 8-7】　某企业自行研究开发某项专利技术,实际发生的研究支出为 20 000 元;实际发生的开发支出为 300 000 元。该项专利技术 2008 年 12 月 8 日研制成功,并注册登记。

该公司的相关账务处理如下。

① 确认研究支出时

借:研发支出——费用化支出　　　　　　　　　　　20 000

　　贷:银行存款　　　　　　　　　　　　　　　　　　　20 000

② 确认开发支出,但未登记时

借:研发支出——资本化支出　　　　　　　　　　　300 000

　　贷:银行存款　　　　　　　　　　　　　　　　　　　300 000

③ 注册登记时

借:无形资产　　　　　　　　　　　　　　　　　　300 000

　　贷:研发支出——资本化支出　　　　　　　　　　　300 000

④ 期末时

借:管理费用　　　　　　　　　　　　　　　　　　20 000

　　贷:研发支出——费用化支出　　　　　　　　　　　20 000

2. 其他方式取得的无形资产的初始计量

1）外购的无形资产成本

外购无形资产的成本,包括购买价款、相关税费以及直接归属于使该项资产达到预定用途所发生的其他支出。

"直接归属于使该项资产达到预定用途所发生的其他支出"包括使无形资产达到预定用途所发生的专业服务费用、测试无形资产是否能够正常发挥作用的费用等。但是下列各项不包括在无形资产初始成本中。

（1）为引入新产品进行宣传发生的广告费、管理费用及其他间接费用。

（2）无形资产已经达到预定用途以后发生的费用。

2）投资者投入的无形资产成本

投资者投入无形资产的成本,应当按照投资合同或协议约定的价值确定（合同或协议约定价值不公允的除外）。此种情况下的账务处理为借记"无形资产"科目,贷记"实收资本"或"股本"等科目。为首次发行股票而接受投资者投入的无形资产,企业应按该项无形资产在投资方的账面价值,借记"无形资产"科目,贷记"实收资本"或"股本"等科目。

3）土地使用权

企业取得的土地使用权通常应确认为无形资产。土地使用权用于自行开发建造厂房等地上建筑物时,土地使用权与地上建筑物分别进行摊销和提取折旧,但下列情况除外。

（1）房地产开发企业取得的土地使用权用于建造对外出售的房屋建筑物,相关的土地使用权应当计入所建造的房屋建筑物成本。

（2）企业外购房屋建筑物所支付的价款应当在地上建筑物与土地使用权之间进行分配;难以合理分配的,应当全部作为固定资产处理。

企业改变土地使用权的用途,停止自用土地使用权用于赚取租金或资本增值时,应将其账面价值转为投资性房地产。

4）通过债务重组取得的无形资产成本

通过债务重组取得的无形资产成本,应该按照非货币性资产交换和债务重组的原则来进行计量。

8.8　无形资产摊销

无形资产摊销是指将使用寿命有限的无形资产的应摊销金额在其使用寿命内进行系统合理地分配。无形资产摊销方法包括直线法、生产总量法等。企业选择的无形资产的摊销方法,应当反映与该项无形资产有关的经济利益的预期实现方式。无法可靠确定预期实现方式的无形资产,应当采用直线法摊销。

一般情况下,使用寿命有限的无形资产,其残值应当视为零,但下列情况除外。

（1）有第三方承诺在无形资产使用寿命结束时购买该无形资产。

（2）可以根据活跃市场得到预计残值信息,并且该市场在无形资产使用寿命结束时很可能存在。

企业应当按月对无形资产进行摊销。无形资产的摊销额一般应当计入当期损益,并记入"累计摊销"科目。常见的无形资产摊销的账务处理如下。

（1）企业自用的无形资产摊销时

借:管理费用

　　贷:累计摊销

（2）出租的无形资产摊销时

借:其他业务成本

　　贷:累计摊销

（3）经济利益通过所生产的产品或其他资产实现的无形资产摊销时

借:制造费用

　　贷:累计摊销

【例 8-8】　甲公司购买了一项特许权,成本为 4 800 000 元,合同规定受益年限为 10 年,甲公司每月应摊销 40 000(4 800 000÷10÷12)元。

甲公司的相关账务处理如下。

① 购入无形资产时

借:无形资产——特许权　　　　　　　　　　　4 800 000

　　贷:银行存款　　　　　　　　　　　　　　　　　　4 800 000

② 每个月进行摊销时

借：管理费用 40 000

　　贷：累计摊销 40 000

【例 8-9】 2015 年 1 月 1 日，乙公司将其自行开发完成的非专利技术出租给丁公司，该非专利技术成本为 3 600 000 元，双方约定的租赁期限为 10 年。

乙公司的相关账务处理如下。

　　甲公司每月租金＝3 600 000÷10÷12＝30 000(元)

① 每月收到租金时

借：银行存款 30 000

　　贷：其他业务收入 30 000

② 每个月进行摊销时

借：其他业务成本 30 000

　　贷：累计摊销 30 000

8.9 无形资产减值和报废

1. 无形资产减值

由于技术陈旧、损坏、长期闲置等原因，导致企业无形资产的可收回金额低于其账面价值时，应当计提无形资产减值准备。无形资产减值的相关账务处理如下。

(1) 无形资产减值发生时，按应减记的金额，借记"资产减值损失——计提无形资产减值准备"科目，贷记"无形资产减值准备"科目。

(2) 期末，企业所持有的无形资产的账面价值高于其可收回金额时，应按其差额，借记"营业外支出——计提的无形资产减值准备"科目，贷记"无形资产减值准备"科目。

(3) 如已计提减值准备的无形资产价值又得以恢复，应在已计提减值准备的范围内转回，借记"无形资产减值准备"科目，贷记"营业外支出——计提的无形资产减值准备"科目。

【例 8-10】 兴达公司 2014 年 3 月 1 日购买某项专有技术，账面价值为 500 000 元，该项无形资产的有效使用年限为 10 年。2014 年 12 月 31 日，公司与转让该技术的单位发生合同纠纷，专有技术的使用范围也因此受到一定的限制而可能造成减值。经有关专业技术人员估计，预计可收回金额为 450 000 元。

兴达公司的相关账务处理如下。

　　可收回金额低于账面价值的差额＝500 000－450 000＝50 000(元)

借：资产减值损失——无形资产减值准备 50 000

　　贷：无形资产减值准备 50 000

2. 无形资产报废

无形资产预期不能为企业带来经济利益的，应予以报废处理。无形资产报废时，应当将该无形资产的账面价值予以转销，其账面价值转作当期损益(营业外支出)，账务处理为借记"累计摊销""无形资产减值准备""营业外支出"科目,贷记"无形资产"科目。

【例 8-11】 2014 年 12 月 31 日,龙腾公司某项专利权的账面余额为 6 000 000 元。该专利权的摊销期限为 10 年,采用直线法进行摊销,已摊销 5 年。该专利权的残值为零,已累计计提减值准备 1 600 000 元。经鉴定,该专利权生产的产品已没有市场,预期不能再为企业带来经济利益。经批准,对该项专利权予以报废处理。

龙腾公司的相关账务处理如下。

借:累计摊销　　　　　　　　　　　　　　　　3 000 000

　　无形资产减值准备　　　　　　　　　　　　1 600 000

　　营业外支出——处置流动资产损失　　　　　　1 400 000

　　贷:无形资产——专利权　　　　　　　　　　　　6 000 000

课后思考题

1. 固定资产有哪些分类?
2. 固定资产初始计量时如何进行账务处理?
3. 固定资产折旧的方法有哪些?
4. 固定资产待售、出售、转让、报废时如何进行账务处理?
5. 固定资产盘亏盘盈时如何进行账务处理?
6. 无形资产在研究阶段和开发阶段分别如何进行账务处理?
7. 无形资产摊销、减值和报废时如何进行账务处理?

第 **9** 章

流动负债和长期负债

【本章学习目标】

- 了解短期借款、应付票据、应付账款、预收账款、应付职工薪酬、应交税费、长期借款、应付利息、应付股利、长期应付款的含义。
- 掌握短期借款、应付票据、应付账款、预收账款、应付职工薪酬、应交税费、长期借款、应付利息、应付股利、长期应付款的账务处理。

9.1 短期借款

短期借款是指企业为维持正常的生产经营所需的资金或为抵偿某项债务而向银行或其他金融机构等外单位借入的、还款期限在一年以下(含一年)的各种借款。短期借款主要有经营周转借款、临时借款、结算借款、票据贴现借款、卖方信贷、预购定金借款和专项储备借款等。短期借款的核算包括取得借款的核算、借款利息的核算、偿还借款的核算三个方面的内容。

1. 短期借款的取得

企业从银行或其他金融机构借入款项时,应签订借款合同,注明借款金额、借款利率和还款时间等。企业取得各种短期借款时,账务处理如下。

借：银行存款

　　贷：短期借款

2. 短期借款的利息

资产负债表日,应按计算确定的短期借款利息费用进行账务处理。

借：财务费用

　　贷：银行存款(直接支付)

　　　　应付利息(月末计提)

借：应付利息

　　贷：银行存款

3. 短期借款的偿还

借：短期借款

　　贷：银行存款

【例 9-1】 兴达公司于 2015 年 1 月 1 日向银行借入一笔生产经营用短期借款,共计 500 000 元,期限为 9 个月,年利率为 4%。根据与银行签署的借款协议,该项借款的本金到期后一次归还,利息分月预提,按季支付。

兴达公司的相关账务处理如下。

(1) 2015 年 1 月 1 日借入短期借款

借：银行存款　　　　　　　　　　　　　　　500 000

　　贷：短期借款　　　　　　　　　　　　　　　500 000

(2) 2015 年 1 月末，计提 1 月利息费用

　　　　　　本月应计提的利息＝500 000×4％÷12＝1 667(元)

借：财务费用　　　　　　　　　　　　　　　1 667

　　贷：应付利息　　　　　　　　　　　　　　　1 667

2015 年 2 月末，计提 2 月利息费用的账务处理与 1 月相同。

(3) 2015 年 3 月末支付第一季度银行借款利息

借：财务费用　　　　　　　　　　　　　　　1 667

　　应付利息　　　　　　　　　　　　　　　3 334

　　贷：银行存款　　　　　　　　　　　　　　　5 001

第二、三季度的账务处理与第一季度相同。

(4) 2015 年 10 月 1 日偿还银行借款本金

借：短期借款　　　　　　　　　　　　　　　500 000

　　贷：银行存款　　　　　　　　　　　　　　　500 000

9.2　应付票据

应付票据是指企业在商品购销活动和对工程价款进行结算因采用商业汇票结算方式而发生的，由出票人出票，委托付款人在指定日期无条件支付确定的金额给收款人或者持票人的票据。应付票据按照是否带息分为带息应付票据和不带息应付票据两种。

1. 不带息应付票据常见的账务处理

1) 应付票据的签发

企业因购买材料、商品和接受劳务供应等而开出承兑的商业汇票时，账务处理如下。

借：材料采购(库存商品、原材料等)

　　应交税费——应交增值税(进项税额)

　　贷：应付票据

2) 支付银行承兑汇票手续费

企业支付的银行承兑汇票手续费，应当计入当期财务费用，账务处理如下。

借：财务费用

　　贷：银行存款

3) 应付票据的偿还

偿还应付票据时，账务处理如下。

借：应付票据

　　贷：银行存款

4）到期无法支付时

（1）如果企业到期无法支付的票据是银行承兑汇票,则银行将票款支付给持票人,企业就产生了一笔短期借款负债。企业应将应付票据负债转为短期借款,并将罚款支出作为营业外支出处理。账务处理如下。

借：应付票据

　　贷：短期借款

借：营业外支出

　　贷：银行存款

（2）如果企业到期无法支付的票据是商业承兑汇票,则企业应将应付票据的本息转为应付账款,罚息同样作为营业外支出处理。

借：应付票据

　　财务费用

　　贷：应付账款

借：营业外支出

　　贷：银行存款

2. 带息应付票据的账务处理

（1）带息应付票据,应于期末计算应付利息,记入财务费用,账务处理如下。

$$应付利息＝面值×票面利率×期限$$

借：财务费用

　　贷：应付票据

（2）带息应付票据的其他账务处理与不带息应付票据相同。

【例 9-2】 2015 年 4 月 1 日某一般纳税企业购买商品 60 000 元,同时出具一张面值为 70 200 元,期限为 3 个月的带息银行承兑汇票,年利率为 10%,支付银行承兑手续费351 元。

该企业的相关账务处理如下。

① 购买商品,出具银行承兑汇票时

$$应交增值税（进项税）＝70\ 200－60\ 000＝10\ 200（元）$$

借：库存商品　　　　　　　　　　　　　　　　　60 000

　　应交税费——应交增值税（进项税）　　　　　10 200

　　贷：应付票据——银行承兑汇票　　　　　　　　　　70 200

② 支付银行承兑手续费

借：财务费用　　　　　　　　　　　　　　　　　　351

　　贷：银行存款　　　　　　　　　　　　　　　　　　　351

③ 4 月 30 日,计提应付利息

$$应付利息＝70\ 200×10\%÷12＝585（元）$$

借：财务费用　　　　　　　　　　　　　　　　　　585

   贷：应付票据   585

  5月31日和6月30日计提应付利息与4月相同。

  ④7月1日，票据到期，偿还本息时

  借：应付票据   71 955

   贷：银行存款   71 955

9.3 应付账款

  应付账款，是指企业因购买材料、商品和接受劳务等日常生产经营活动应支付的款项。应付账款是由于买卖双方在购销活动中取得材料、商品或接受劳务与支付货款在时间上不一致而产生的负债。

  应付账款常见的账务处理如下。

  (1) 企业购入材料、商品等，未验收入库，货款尚未支付，应当根据有关凭证（发票账单、随货同行发票上记载的实际价款或暂估价值），借记“在途物资”科目，按照可抵扣的增值税进项税额，借记“应交税费——应交增值税（进项税额）”科目，按照应付的货款，贷记“应付账款”科目。

  (2) 企业接受供应单位提供劳务而发生的应付未付款项，应当根据供应单位的发票账单，借记“生产成本”“管理费用”等科目，贷记“应付账款”科目。

  (3) 企业购入材料、商品等，如果存在现金折扣，应按发票上记载的金额入账，即按未扣除现金折扣的金额入账，待实际发生现金折扣时，再将现金折扣金额冲减当期财务费用。

  (4) 企业开出商业汇票抵付应付账款，应借记“应付账款”科目，贷记“应付票据”科目。

  (5) 企业确实无法偿付的应付账款，应借记“应付账款”科目，贷记“营业外收入”科目。

  【例9-3】 创赢公司为一般纳税人，存货按实际成本计价核算。某月份创赢公司发生的材料采购等业务及相应的账务处理如下。

  ①5日，创赢公司向龙德公司购入原材料一批，取得的增值税专用发票上注明的价款为50 000元，增值税税额为8 500元，龙德公司代垫运杂费1 000元，发票账单等结算凭证已经收到，材料已验收入库，但货税款尚未支付。按照目前税制规定，企业外购货物所支付的运输费中，可按7%的扣除率计算准予抵扣增值税。

  借：原材料   50 930

    应交税金——应交增值税（进项税额）   8 570

   贷：应付账款——应付龙德公司   59 500

  ②12日，创赢公司开出转账支票支付所欠龙德公司货税款59 500元。

  借：应付账款——应付龙德公司   59 500

   贷：银行存款   59 500

③ 15 日,创赢公司开出并承兑为期两个月不带息的商业汇票 70 200 元,交给供应单位铭驰公司,以抵付上月购料所欠的货款。

借:应付账款——应付铭驰公司　　　　　　　　70 200
　　贷:应付票据　　　　　　　　　　　　　　　　　　70 200

④ 20 日,创赢公司按有关规定转销确实无法支付的应付账款 1 400 元。

借:应付账款　　　　　　　　　　　　　　　　1 400
　　贷:资本公积　　　　　　　　　　　　　　　　　　1 400

⑤ 月末,计算本月应付电费 125 000 元(不含税),其中:基本生产车间用于产品生产的电费为 97 600 元,基本生产车间照明用电费为 5 400 元,行政管理部门用电费为 22 000 元。电费尚未支付。

借:生产成本——基本生产成本　　　　　　　　97 600
　　制造费用　　　　　　　　　　　　　　　　5 400
　　管理费用　　　　　　　　　　　　　　　　22 000
　　贷:应付账款——应付供电公司　　　　　　　　　125 000

9.4　预收账款

预收账款指买卖双方协议商定,由购货方预先支付一部分货款给供应方而发生的一项负债。预收账款一般包括预收的货款、预收购货定金。根据企业预收账款的多少,可以采用不同的账务处理方法。

1. 预收账款较多的企业

预收账款较多的企业,账务处理如下。

(1) 收到预收账款

借:银行存款
　　贷:预收账款

(2) 收到剩余货款

借:预收账款
　　贷:主营业务收入
　　　　应交税费——应交增值税(销项税额)

借:银行存款
　　贷:预收账款

2. 预收账款不多的企业

预收账款不多的企业,可以不设置"预收账款"科目,直接合并记入"应收账款"科目的贷方,账务处理如下。

(1) 收到预收账款

借:银行存款
　　贷:应收账款

（2）收到剩余货款

借：应收账款

    贷：主营业务收入

        应交税费——应交增值税（销项税额）

借：银行存款

    贷：应收账款

【例 9-4】 悦达公司为增值税的一般纳税人。按合同规定，2015 年 6 月 9 日，公司收到惠民公司预付货款 6 000 元。2015 年 6 月 18 日，公司向惠民公司发出产品 200 件，售价为 10 000 元，应交增值税 1 700 元。2015 年 6 月 27 日企业收到惠民公司补付的货款 5 700 元。

悦达公司的相关账务处理如下。

① 2015 年 6 月 9 日悦达公司收到惠民公司预付的货款时

借：银行存款   6 000

    贷：预收账款——惠民公司   6 000

② 2015 年 6 月 18 日悦达公司向惠民公司发出产品时

借：预收账款——惠民公司   11 700

    贷：主营业务收入   10 000

        应交税金——应交增值税（销项税额） 1 700

③ 2015 年 6 月 27 日悦达公司收到惠民公司补付的货款时

借：银行存款   5 700

    贷：预收账款——惠民公司   5 700

9.5 应付职工薪酬

应付职工薪酬是指企业为获得职工提供的服务而给予各种形式的报酬以及其他相关支出。

职工薪酬主要包括以下几个方面的内容。

（1）职工工资、奖金、津贴和补贴。

（2）职工福利费（包括货币性福利和非货币性福利）。

（3）医疗保险费、养老保险费、失业保险费、工伤保险费、生育保险费、住房公积金（"五险一金"），企业以购买商业保险形式提供给职工的各种保险待遇。

（4）工会经费和教育经费，指有工会组织的企业按规定应提取的工会经费以及职工接受教育应由企业负担的各种培训费用。

（5）其他与获得职工提供的服务相关的支出。

企业应设置"应付职工薪酬"科目，该科目应当按照"工资""职工福利""社会保险费""住房公积金""工会经费""职工教育经费""非货币性福利"等应付职工薪酬项目设置明细科目，进行明细核算。

1. 应付职工薪酬的确认和计量

企业应当在职工在职的会计期间,将应付的职工薪酬确认为负债,除因解除与职工的劳动关系给予的补偿外,应当根据职工提供服务的受益对象,分别按下列情况处理。

① 应由生产产品、提供劳务负担的职工薪酬,计入产品成本或劳务成本。

② 应由在建工程、无形资产负担的职工薪酬,计入建造固定资产或无形资产成本。

③ 上述①和②之外的其他职工薪酬,计入当期损益。

2. 货币性应付职工薪酬的账务处理

1) 确认各部门货币性应付职工薪酬时的账务处理

(1) 生产部门人员的职工薪酬,借记"生产成本""制造费用""劳务成本"等科目,贷记"应付职工薪酬"科目。

(2) 管理部门、福利部门人员、离退休人员的职工薪酬,借记"管理费用"科目,贷记"应付职工薪酬"科目。

(3) 因解除与职工的劳动关系给予的补偿,借记"管理费用"科目,贷记"应付职工薪酬"科目。

(4) 销售人员的职工薪酬,借记"销售费用"科目,贷记"应付职工薪酬"科目。

(5) 应由在建工程、研发支出负担的职工薪酬,借记"在建工程""研发支出"科目,贷记"应付职工薪酬"科目。

【例 9-5】 恒生公司 2015 年 5 月应付职工薪酬:厂部行政管理人员工资 10 000 元,车间生产工人工资 100 000 元,车间管理人员工资 15 000 元,福利人员工资 5 000 元,辞退职工 1 名补偿 5 000 元,销售人员工资 50 000 元,工程建设人员工资 40 000 元。

恒生公司在确认应付职工工资时,账务处理如下。

```
借:管理费用                        20 000
   生产成本                       100 000
   制造费用                        15 000
   销售费用                        50 000
   在建工程                        40 000
   贷:应付职工薪酬——工资              235 000
```

2) 企业各部门"五险一金"的账务处理

企业为职工缴纳的"五险一金",应当按照职工所在岗位进行分配,在分配时应借记"生产成本""制造费用""在建工程""无形资产""管理费用"等科目,贷记"应付保险费"科目(或"应付住房公积金"科目)。

缴纳各种社会保险费用或住房公积金时,借记"应付职工薪酬"科目(职工负担部分),"应付保险费"科目(或"应付住房公积金"科目),贷记"银行存款"科目。

【例 9-6】 光明公司按照工资薪酬 10% 的比例缴存住房公积金,具体为:基本生产车间生产甲产品的人员住房公积金费用为 4 000 元,车间管理人员住房公积金费用为 1 000 元,试制专利产品的人员住房公积金费用为 3 000 元,行政管理部门人员住房公积金费用为 2 000 元。

光明公司的相关账务处理如下。

（1）在分配住房公积金时

借：生产成本——甲产品   4 000

  制造费用   1 000

  无形资产——专利权   3 000

  管理费用   2 000

  贷：应付住房公积金   10 000

（2）在缴存住房公积金时，将代扣应由职工承担的10%的住房公积金一并处理

借：应付住房公积金   10 000

  应付职工薪酬   10 000

  贷：银行存款   20 000

3. 非货币性职工薪酬的账务处理

企业向职工提供的非货币性职工薪酬，常见的账务处理有以下几种。

1）企业将自产产品作为福利发放给职工

企业以自产产品发放给职工作为非货币性福利的情况，应按公允价值作为应付职工薪酬计入相关资产成本或当期费用；发放时应确认收入，并结转成本。

（1）在确认非货币性福利时，借记"生产成本""制造费用""管理费用"等科目，贷记"应付职工薪酬——非货币性福利"科目。

（2）在实际发放非货币性福利时，借记"应付职工薪酬——非货币性福利"科目，贷记"主营业务收入""应交税费——应交增值税（销项税额）"等科目，同时结转成本，借记"主营业务成本"科目，贷记"库存商品"科目。

【例 9-7】 兴旺公司是一家服装加工企业，共有职工 238 人，其中直接参加生产的职工 200 人，管理人员 38 人。2015 年 5 月，公司以其生产成本为 60 元的保暖内衣套装保暖内衣套装售价为 100 元，兴旺公司适用的增值税率为 17%。

兴旺公司的相关账务处理如下。

① 公司决定发放非货币性福利时

    生产成本 $= 100 \times 200 + 100 \times 200 \times 17\% = 23\ 400$（元）

    管理费用 $= 100 \times 38 + 100 \times 38 \times 17\% = 4\ 446$（元）

借：生产成本   23 400

  管理费用   4 446

  贷：应付职工薪酬——非货币性福利 27 846

② 实际发放非货币性福利时

 保暖内衣套装售价总额 $= 100 \times 200 + 100 \times 38 = 23\ 800$（元）

 保暖内衣套装的增值税销项税额 $= 100 \times 200 \times 17\% + 100 \times 38 \times 17\% = 4\ 046$（元）

 应付职工薪酬总额 $= 23\ 800 + 4\ 046 = 27\ 846$（元）

 保暖内衣套装的成本总额 $= 60 \times 238 = 14\ 280$（元）

借：应付职工薪酬——非货币性福利 27 846

  贷：主营业务收入   23 800

    应交税费——应交增值税（销项税额） 4 046

借：主营业务成本   14 280
　　贷：库存商品   14 280

2）企业将外购商品作为福利发放给职工

企业以外购的商品作为非货币性福利发放给职工的情况，应按公允价值作为应付职工薪酬计入相关的成本费用或者资产价值，借记"生产成本""制造费用""管理费用"等科目，贷记"应付职工薪酬——非货币性福利"科目；实际购买时冲销应付职工薪酬。

【例 9-8】 恒生公司是一家来料加工公司，直接参加生产的职工 200 人，管理人员 38 人。2015 年 9 月，公司外购了食品礼盒作为中秋节福利发放给全体职工，并开具了增值税专用发票，适用税率 17%。食品礼盒不含税价格为 80 元/盒。

恒生公司的相关账务处理如下。

（1）公司决定发放非货币性福利时

生产成本＝80×200＋80×200×17%＝18 720（元）

管理费用＝80×38＋80×38×17%＝3 556.8（元）

借：生产成本   18 720
　　管理费用   3 556.8
　　贷：应付职工薪酬——非货币性福利   22 276.8

（2）实际发放食品礼盒时

食品礼盒的售价总额＝80×200＋80×38＝19 040（元）

食品礼盒的增值税进项税额＝80×200×17%＋80×38×17%＝3 236.8（元）

应付职工薪酬总额＝19 040＋3 236.8＝22 276.8（元）

借：应付职工薪酬——非货币性福利   22 276.8
　　贷：银行存款   22 276.8

3）公司将自有或租赁的住房等资产无偿提供给职工使用

（1）企业将拥有的房屋等资产无偿提供给职工使用的，应根据受益的对象，将每期应计提的折旧额计入相关的成本费用或者资产价值，借记"生产成本""制造费用""管理费用"等科目，贷记"应付职工薪酬——非货币性福利"科目；同时借记"应付职工薪酬——非货币性福利"科目，贷记"累积折旧"科目。

（2）企业租赁住房等资产无偿提供给职工使用的，应根据受益的对象，将每期应付的租金计入相关的成本费用或者资产价值，借记"生产成本""制造费用""管理费用"等科目，贷记"应付职工薪酬——非货币性福利"科目。公司支付所发生的租金，借记"应付职工薪酬——非货币性福利"科目，贷记"银行存款"等科目。难以认定受益对象的非货币性福利，直接计入当期损益和应付职工薪酬。

4）公司为职工提供免费旅游

公司为职工提供免费旅游，应根据受益的对象，将每期应付的租金计入相关的成本费用或者资产价值，借记"生产成本""制造费用""管理费用"等科目，贷记"应付职工薪酬——非货币性福利"科目。公司实际支付旅游费用时，借记"应付职工薪酬——非货币性福利"科目，贷记"银行存款"等科目。

【例 9-9】 2015 年 9 月，仁达公司决定为 5 名优秀员工免费提供由旅行社组织的"国庆节海南双飞五日游",旅行社报价 1 380 元/人。5 名优秀员工包括 1 名主管生产的经理和 4 名生产工人。

仁达公司的相关账务处理如下。

① 公司确认旅游费用时

借：生产成本　　　　　　　　　　　　　　　5 520

　　管理费用　　　　　　　　　　　　　　　1 380

　　贷：应付职工薪酬　　　　　　　　　　　　　　6 900

② 公司支付旅游费用时

借：应付职工薪酬　　　　　　　　　　　　　6 900

　　贷：银行存款　　　　　　　　　　　　　　　　6 900

9.6　应交税费

应交税费是指企业根据在一定时期内取得的营业收入、实现的利润等,按照现行税法规定,采用一定的计税方法计提的应交纳的各种税费。

应交税费包括企业依法交纳的增值税、消费税、营业税、企业所得税、资源税、土地增值税、城市维护建设税、房产税、土地使用税、车船税、教育费附加、矿产资源补偿费等税费,以及在上缴国家之前,由企业代收代缴的个人所得税等。

企业应通过"应交税费"科目,总括反映各种税费的应交、交纳等情况。该科目贷方登记应交纳的各种税费等,借方登记实际交纳的税费;期末余额一般在贷方,反映企业尚未交纳的税费,期末余额如在借方,反映企业多交或尚未抵扣的税费。本科目按应交的税费项目设置明细科目进行明细核算。

企业代扣代交的个人所得税等,也通过"应交税费"科目核算,而企业交纳的印花税、耕地占用税等不需要预计应交数的税金,不通过"应交税费"科目核算。

9.7　长期借款

长期借款是指企业向银行或其他金融机构借入的期限在一年以上(不含一年)的各项借款。

长期借款一般用于固定资产的构建、改扩建工程、大型修理工程、对外投资以及为了保持长期经营能力等方面。

企业应设置"长期借款"科目,核算长期借款的借入、归还等情况。该科目可按照贷款单位和贷款种类设置明细账,分别按"本金""利息调整"等进行明细核算。该科目贷方登记借款的本金及每期计提的利息,借方登记归还的本息。期末贷方余额反映的是尚未归还的借款本息。

长期借款常见的账务处理如下。

1. 取得长期借款

企业借入长期借款,应按实际收到的金额,借记"银行存款"科目,贷记"长期借款——本金"科目,如存在差额,还应借记"长期借款——利息调整"科目。

2. 发生长期借款利息

长期借款计算确定的利息费用,属于筹建期间的,计入管理费用;属于生产经营期间的,计入财务费用。

如果长期借款用于购建固定资产的,在固定资产尚未达到预定可使用状态前,所发生的应当资本化的利息支出数,计入在建工程成本;固定资产达到预定可使用状态后发生的利息支出,以及按规定不予资本化的利息支出,计入财务费用。

长期借款(分期付息)按合同利率计算确定的应付未付利息,记入"应付利息"科目,借记"在建工程""制造费用""财务费用""研发支出"等科目,贷记"应付利息"科目。

3. 归还长期借款

企业归还长期借款的本金时,应按归还的金额,借记"长期借款——本金"科目,贷记"银行存款"科目;按归还的利息,借记"应付利息"科目,贷记"银行存款"科目。

【例 9-10】 伟业公司 2013 年 1 月 1 日从农行借入长期借款 1 000 000 元,用于扩建厂房,年末完工交付使用。借款期为三年,年利率 9%,每年年末归还借款利息,到期一次还清本金。

伟业公司的相关账务处理如下。

(1)公司借款存入银行

借:银行存款 1 000 000
　贷:长期借款——固定资产设备借款 1 000 000

(2)2013 年 12 月完工交付使用时计算计入工程的利息

　　　　每年应计利息＝本金×利率＝1 000 000×9%＝90 000(元)

借:在建工程 90 000
　贷:长期借款——应付利息 90 000

(3)2013 年年末支付银行利息时

借:长期借款——应付利息 90 000
　贷:银行存款 90 000

(4)2014 年按月计提借款利息

借:财务费用 7 500
　贷:长期借款——应付利息 7 500

年末偿还借款利息会计处理同(3)。

(5)2015 年年末计算应付利息的同时归还本息

借:财务费用 90 000
　贷:长期借款——应付利息 90 000
借:长期借款 1 090 000
　贷:银行存款 1 090 000

9.8　应付利息

应付利息,是指金融企业根据存款或债券金额及其存续期限和规定的利率,按期计提应支付给单位和个人的利息。应付利息包括分期付息到期还本的长期借款、企业债券等应支付的利息。

企业应通过"应付利息"科目,核算应付利息的发生、支付情况。应付利息应按已计但尚未支付的金额入账。

企业采用合同约定的利率计算确定利息费用时,按应付合同利息金额,借记"在建工程""财务费用""研发支出"等科目,贷记"应付利息"科目;实际支付利息时,借记"应付利息"科目,贷记"银行存款"等科目。

【例 9-11】　2015 年 2 月 1 日,兴盛公司从银行取得 6 个月短期借款 1 000 000 元用于生产经营。借款的利率为 6%,每月月末计提当月应负担的借款利息,2015 年 7 月 1 日到期一次归还本息。

兴盛公司的相关账务处理如下。

(1) 2015 年 2 月 5 日,兴盛公司取得借款时

借:银行存款　　　　　　　　　　　　　　　　　1 000 000

　贷:短期借款　　　　　　　　　　　　　　　　　1 000 000

(2) 每月月末计提利息时

每月应付利息＝1 000 000×6%×1÷12＝5 000(元)

借:财务费用　　　　　　　　　　　　　　　　　5 000

　贷:应付利息　　　　　　　　　　　　　　　　　5 000

(3) 2015 年 7 月 1 日,归还本息

借:短期借款　　　　　　　　　　　　　　　　　1 000 000

　应付利息　　　　　　　　　　　　　　　　　30 000

　贷:银行存款　　　　　　　　　　　　　　　　　1 030 000

9.9　应付股利

应付股利是指企业根据股东大会或类似机构审议批准的利润分配方案确定分配给投资者的现金股利或利润。

企业通过"应付股利"科目,核算企业确定或宣告支付但尚未实际支付的现金股利或利润。该科目的借方登记应收的股利数,贷方登记收回的股利数。该科目余额在借方,指公司尚未收回的现金股利或利润。该科目应按被投资单位设置明细账。

企业根据股东大会或类似机构审议批准的利润分配方案,确定应支付的现金股利或利润时,账务处理为借记"利润分配——应付现金股利(利润)"科目,贷记"应付股利";实际支付现金股利或利润时,借记"应付股利",贷记"银行存款"等科目。

【**例 9-12**】　名扬有限责任公司有 A、B 两个股东,分别占注册资本的 40% 和 60%。2014 年度该公司实现净利润 8 000 000 元,经过股东会批准,2015 年 3 月决定分配股利 5 000 000 元。2015 年 6 月已经用银行存款支付了股利。

名扬有限责任公司的相关账务处理如下。

(1) 2015 年 3 月,公司决定分配股利时

甲股东应分配的股利＝5 000 000×40%＝2 000 000(元)

乙股东应分配的股利＝5 000 000×60%＝3 000 000(元)

借:利润分配——应付股利	5 000 000	
贷:应付股利——A 股东	2 000 000	
——B 股东	3 000 000	

(2) 2015 年 6 月,公司实际分配股利时

借:应付股利——A 股东	2 000 000
——B 股东	3 000 000
贷:银行存款	5 000 000

此外,需要说明的是,企业董事会或类似机构通过的利润分配方案中拟分配的现金股利或利润,不作账务处理,不作应付股利核算,但应在财务报告的附注中披露。企业分配的股票股利不通过“应付股利”科目核算。

9.10　长期应付款

长期应付款是指除了长期借款和应付债券以外的其他多种长期应付款项。长期应付款主要包括引进设备款和应付融资租入固定资产的租赁费。

企业应设置“长期应付款”科目,该账户下应设“长期应付款——应付补偿贸易引进设备款”和“长期应付款——应付融资租赁款”两个明细账户,分别核算两种不同的长期应付款。

1. 应付引进设备款的账务处理

(1) 企业按照补偿贸易方式引进设备时,应按设备、工具、零配件等的价款以及国外运杂费和规定的汇率折合为人民币记账,借记“专项工程支出”“库存材料”等科目,贷记“长期应付款——应付引进设备款”科目。

(2) 企业用人民币支付的进口关税、国内运杂费和安装费等,借记“专项工程支出”“库存材料”等科目,贷记“银行存款”等科目。

(3) 发生的应计利息和因外币折合率的变动发生的汇兑损益,在引进设备按照调试完毕交付之前发生的,计入设备成本,借记“专项工程支出”科目;若为借方使用之后发生的,应计入企业当期损益(财务费用),借记“财务费用”科目。

(4) 设备交付验收使用时,将其全部价值,借记“固定资产”科目,贷记“专项工程支出”科目。

（5）归还引进设备款项时,借记"长期应付款——补偿贸易引进设备应付款"科目,贷记"银行存款""应收账款"等科目。

2. 应付融资租赁款的账务处理

（1）企业按租赁开始日租入资产的原账面价值与最低租赁付款额的现值两者中较低者作为入账价值,借记"固定资产"等科目,按最低租赁付款额,贷记"长期应付款——应付融资租赁款"科目,按其差额,借记"未确认融资费用"科目。

（2）企业按期支付融资租赁费时,借记"长期应付款——应付融资租赁款"科目,贷记"银行存款"科目。

（3）企业租赁期满,如合同规定将设备所有权转归承租企业,应当进行转账,将固定资产从"融资租入固定资产"明细科目转入有关明细账户,借记"固定资产——生产用固定资产"科目,贷记"固定资产——融资租赁固定资产"科目。

【例 9-13】　万隆公司采用融资租赁方式租入生产线一条,按租赁协议确定的租赁价款为 1 000 000 元,另外支付运杂费、途中保险费、安装调试费等 200 000 元（包括租期结束后购买该生产线应付的价款）。按租赁协议规定,租赁价款分 5 年于每年年初支付,该生产线的折旧年限为 5 年,采用直线法计提折旧（不考虑净残值）,租赁期满,该生产线归万隆公司所有。该企业融资租赁资产占全部资产总额的 5%。

万隆公司的相关账务处理如下。

① 公司租入生产线时

借：在建工程 1 000 000
　　贷：长期应付款——应付融资租赁款 1 000 000
借：在建工程 200 000
　　贷：银行存款 200 000

② 固定资产交付使用时

借：固定资产——融资租入固定资产 1 200 000
　　贷：在建工程 1 200 000

③ 每期（分 5 期）支付融资租赁费时

借：长期应付款——应付融资租赁款 200 000
　　贷：银行存款 200 000

④ 计提折旧

借：制造费用 240 000
　　贷：累计折旧 240 000

⑤ 租赁期满,资产产权转入公司

借：固定资产——生产经营用固定资产 1 200 000
　　贷：固定资产——融资租入固定资产 1 200 000

课后思考题

1. 取得和偿还短期借款时如何进行账务处理？
2. 不带息应付票据和带息应付票据分别如何进行账务处理？
3. 应付账款、预收账款如何进行账务处理？
4. 货币性应付职工薪酬和非货币性职工薪酬如何进行账务处理？
5. 长期借款、应付利息、应付股利、长期应付款如何进行账务处理？

第 10 章 所有者权益

【本章学习目标】
- 了解实收资本、资本公积、留存收益的含义。
- 掌握实收资本、资本公积、留存收益的账务处理。

10.1 实收资本

实收资本是指企业的投资者按照企业章程或合同、协议的约定,实际投入企业的资本。实收资本的构成比例是企业据以向投资者进行利润或股利分配的主要依据。中国企业法人登记管理条例规定,除国家另有规定外,企业的实收资本应当与注册资本一致。

实收资本按照投资主体分为国家资本、集体资本、个人资本、法人资本、港澳台资本、外商资本 6 种。实收资本按照投资形式可以分为货币资金、实物、无形资产 3 种。

股份有限公司应设置"股本"科目,核算公司实际发行股票的面值总额。除股份有限公司外,其他企业应设置"实收资本"科目,核算投资者投入资本的增减变动情况。

在会计实务中,实收资本常见的账务处理主要是关于实收资本增加和减少。

10.1.1 实收资本增加的账务处理

实收资本增加的途径有投资者投入资本、资本公积转增资本、盈余公积转增资本、股票股利转增股本、债务转为资本。

1. 企业收到投资者投入的资本

企业收到投资者投入的资本包括现金资产投资和非现金资产投资两种形式。

1) 企业接受现金资产投资

(1) 股份有限公司接受现金资产投资

股份有限公司发行股票时,既可以按面值发行股票,也可以溢价发行(我国目前不允许折价发行)。股份有限公司在核定的股本总额及核定的股份总额的范围内发行股票时,应在实际收到现金资产时进行账务处理。

股份有限公司发行股票收到现金资产时,借记"银行存款"等科目,按每股股票面值和发行股份总额的乘积计算的金额,贷记"股本"科目,实际收到的金额与该股本之间的差额贷记"资本公积——股本溢价"科目。

【例 10-1】 甲上市公司发行普通股 1 000 万股,每股面值 1 元,每股发行价格 5 元,支付手续费 20 万元,支付咨询费 60 万元。

甲上市公司的相关账务处理如下。

借:银行存款　　　　　　　　　　　　　　　50 000 000
　　贷:股本　　　　　　　　　　　　　　　　10 000 000
　　　　资本公积——股本溢价　　　　　　　　40 000 000

扣减手续费和咨询费。

借:资本公积——股本溢价　　　　　　　　　　800 000
　　贷:银行存款　　　　　　　　　　　　　　　800 000

(2)股份有限公司以外的企业接受现金资产投资

股份有限公司以外的企业接受现金资产投资时,应以实际收到的金额或存入企业开户银行的金额,借记"银行存款"等科目,按投资合同或协议约定的投资者在企业注册资本中所占份额的部分,贷记"实收资本"科目,企业实际收到或存入开户银行的金额超过投资者在企业注册资本中所占份额的部分,贷记"资本公积——资本溢价"科目。

【例 10-2】 A 公司、B 公司、C 公司共同投资设立甲有限责任公司,注册资本为 30 000 000 元,A 公司、B 公司、C 公司持股比例分别为 60%、25% 和 15%。按照章程规定,A 公司、B 公司、C 公司投入资本分别为 18 000 000 元、7 500 000 元和 4 500 000 元。甲公司已如期收到各投资者一次缴足的款项。

甲有限责任公司的相关账务处理如下。

借:银行存款　　　　　　　　　　　　　　　30 000 000
　　贷:实收资本——A 公司　　　　　　　　　18 000 000
　　　　　　　　——B 公司　　　　　　　　　 7 500 000
　　　　　　　　——C 公司　　　　　　　　　 4 500 000

2)企业接受非现金资产投资

企业接受的非现金资产投资一般包括材料物资、固定资产和无形资产。

企业在将投资者投入的材料物资、固定资产和无形资产作价时,应按投资合同或协议约定价值确定资产价值(但投资合同或协议约定价值不公允的除外)和在注册资本中应享有的份额。

在账务处理时,借记"库存商品""固定资产""应交税费——应交增值税(进项税额)""无形资产"等科目,贷记"实收资本"科目。

【例 10-3】 甲有限责任公司于 2010 年 11 月 18 日设立时,收到乙公司作为资本投入的不需要安装的生产设备一台,合同约定该生产设备的含税价值为 23 400 000 元(与公允价值相符)。收到增值税专用发票,价款为 20 000 000 元,增值税进项税额为 3 400 000 元。甲公司注册资本为 234 000 000 元,乙公司持股比例为 10%。

甲有限责任公司的相关账务处理如下。

借:固定资产　　　　　　　　　　　　　　　20 000 000
　　应交税费——应交增值税(进项税额)　　　 3 400 000
　　贷:实收资本　　　　　　　　　　　　　　 23 400 000

---

2. 企业以资本公积转增资本

企业以资本公积转增资本时，应按原投资者各自出资比例计算确定各投资者相应增加的出资额，借记"资本公积——资本溢价"或"资本公积——股本溢价"科目，贷记"实收资本"或"股本"科目。

3. 企业以盈余公积转增资本

企业以盈余公积转增资本时，应按原投资者各自出资比例计算确定各投资者相应增加的出资额，借记"盈余公积"科目，贷记"实收资本"或"股本"科目。

4. 企业以股票股利转增股本

企业以股票股利转增股本时，应按原投资者各自出资比例计算确定各投资者相应增加的出资额，借记"利润分配"科目，贷记"股本"科目。

5. 企业债务转为资本

可转换公司债券持有人，将其持有的债券转换为股票时，按可转换公司债券的余额，借记"应付债券——可转换公司债券（面值、利息调整）"科目，按其权益成分确定的金额，借记"资本公积——其他资本公积"科目；按股票面值和转换的股数计算的股票面值总额，贷记"股本"科目，按其差额，贷记"资本公积——股本溢价"科目。

10.1.2　实收资本减少的账务处理

1. 股份有限公司实收资本减少的账务处理

股份有限公司采用收购本公司股票方式减资的，会涉及"库存股"科目。"库存股"科目为所有者权益类抵减科目，核算企业收购、转让或注销的本公司股份金额。本科目期末借方余额，反映企业持有尚未转让或注销的本公司股份金额。常见的账务处理步骤如下。

（1）企业为减少注册资本而回购本公司股份时，应按实际支付的金额，借记"库存股"（回购价×股数）科目，贷记"银行存款"科目。

（2）企业注销库存股时，按顺序依次冲减股本、资本公积、盈余公积及未分配利润，借记"股本""资本公积——股本溢价""盈余公积""利润分配——未分配利润"科目，贷记"库存股"科目。

（3）如果折价回购时（回购价低于面值），借记"股本"科目，贷记"库存股""资本公积——股本溢价"科目。

【例 10-4】 丙股份有限责任公司 2014 年 12 月 31 日股东权益的股本为 200 000 000 元（面值为 1 元），资本公积（股本溢价）为 60 000 000 元，盈余公积为 50 000 000 元，未分配利润为 0 元。经董事会批准回购本公司股票并注销。2015 年发生业务如下。

（1）以每股 3 元的价格回购本公司股票 20 000 000 股。

（2）以每股 2 元的价格回购本公司股票 40 000 000 股。

（3）注销股票。

丙股份有限责任公司，2015 年发生业务的账务处理如下。

① 以每股 3 元的价格回购本公司股票 20 000 000 股。

借：库存股　　　　　　　　　　　　　　　　60 000 000

  贷：银行存款   60 000 000

② 以每股 2 元的价格回购本公司股票 40 000 000 股。

借：库存股   80 000 000

  贷：银行存款   80 000 000

③ 注销股票

借：股本   60 000 000

  资本公积——股本溢价   60 000 000

  盈余公积   20 000 000

  贷：库存股   140 000 000

2. 股份有限公司以外的企业实收资本减少的账务处理

股份有限公司以外的企业实收资本减少时，借记"实收资本"科目，贷记"库存现金""银行存款"等科目。

10.2 资本公积

资本公积是指投资者或者他人投入到企业、所有权归属于投资者、并且投入金额上超过法定资本部分的资本。资本公积主要包括资本溢价或股本溢价、接受捐赠资产、股权投资准备、拨款转入、外币资本折算差额和其他资本公积等。

资本公积的用途主要是转增资本，即增加实收资本（或股本）。虽然资本公积转增资本并不能导致所有者权益总额的增加，但资本公积转增资本，一方面可以改变企业投入资本的结构，体现企业稳健、持续发展的潜力；另一方面，对股份有限公司而言，它会增加投资者持有的股份，从而增加公司股票的流通量，进而激活股价，提高股票的交易量和资本的流动性。

企业应设置"资本公积"科目，核算资本公积的增减变动情况。为了反映各类不同性质的资本公积的增减变动情况，应按照资本公积的类别分别设置"资本（或股本）溢价""接受捐赠非现金资产准备""股权投资准备""拨款转入""关联交易差价""其他资本公积"等明细科目，进行明细分类核算。资本公积常见的账务处理如下。

1. 资本溢价的账务处理

资本溢价指有限责任公司投资者交付的出资额大于按合同或协议所规定的出资比例计算的数额的部分。

有限责任公司收到投资者投入的资本、接受捐赠等，按投资合同或协议约定价值确定资产价值（但投资合同或协议约定价值不公允的除外）和在注册资本中应享有的份额，借记"银行存款""其他应收款""固定资产""无形资产"等科目，贷记"实收资本"科目；有限责任公司实际收到或存入开户银行的金额超过投资者在企业注册资本中所占份额的部分，贷记"资本公积——资本溢价"科目。

【例 10-5】 庆丰公司接受捐赠的汽车一辆，公允价值为 500 000 元，同时收到捐赠现金 500 000 元。按照规定，该项捐赠应缴纳所得税 150 000 元。

庆丰公司的相关账务处理如下。

（1）庆丰公司接受捐赠时

借：固定资产	500 000	
银行存款	500 000	
贷：递延税款（未来应交所得税）		150 000
资本公积——接受捐赠资产准备		500 000
其他资本公积		350 000

（2）庆丰公司处置接受捐赠的资产时

借：资本公积——接受捐赠资产准备	500 000	
贷：资本公积——其他资本公积		500 000

2. 股本溢价的账务处理

股本溢价是指股份有限公司溢价发行股票时实际收到的款项超过股票面值总额的数额。

股份有限公司发行股票收到现金资产时，借记“银行存款”等科目，按照每股股票面值和发行股份总额的乘积计算的金额，贷记“股本”科目，按照实际收到的款项超过股票面值总额的部分，贷记“资本公积——股本溢价”科目。

如果企业是溢价发行股票，发行股票相关的手续费、佣金等交易费用，应从溢价中抵扣，冲减资本公积——股本溢价；如果企业非溢价发行股票或溢价金额不足以抵扣的，应将不足抵扣的部分冲减盈余公积和未分配利润。

3. 其他资本公积的账务处理

其他资本公积，是指除资本溢价（或股本溢价）项目以外所形成的资本公积，其中主要包括直接计入所有者权益的利得和损失。

（1）企业采用权益法核算长期股权投资时，在持股比例不变的情况下，被投资单位除净损益以外所有者权益的其他变动，企业按持股比例计算应享有的份额，借记“长期股权投资——所有者权益其他变动”科目，贷记“长期股权投资——其他权益变动”科目。

【例 10-6】 甲公司以一项固定资产换取乙公司 70% 的股权。固定资产原价 10 000 000 元，已提折旧 4 000 000 元，无减值准备，其公允价值为 7 000 000 元。

甲公司的相关账务处理如下。

　　甲公司长期股权投资成本＝7 000 000（元）

　　甲公司取得长期股权的账面价值＝10 000 000－4 000 000＝6 000 000（元）

　　计入当期损益的差额＝6 000 000－7 000 000＝1 000 000（元）

借：固定资产清理	6 000 000	
累计折旧	4 000 000	
贷：固定资产		10 000 000
借：长期股权投资——投资成本	7 000 000	
贷：固定资产清理		6 000 000
营业外收入		1 000 000

（2）企业以权益结算的股份换取职工或其他方提供服务时，应按权益工具授予日的

公允价值,借记"管理费用"等相关成本费用科目,贷记"其他资本公积"科目。在行权日,应按实际行权的权益工具数量计算确定的金额,借记"其他资本公积"科目,按计入实收资本或股本的金额,贷记"实收资本"或"股本"科目,按其差额,贷记"其他资本公积"科目。

（3）企业自用房地产或存货转换为采用公允价值模式计量的投资性房地产时,应按转换日的公允价值,借记"投资性房地产"科目,按其账面价值,借记或贷记有关科目,转换当日的公允价值大于原账面价值的差额,贷记"其他资本公积"科目。处置该项投资性房地产时,应转销与其相关的其他资本公积。

10.3　留存收益

留存收益是公司在经营过程中所创造的,但由于公司经营发展的需要或法定的原因等,没有分配给所有者而留存在公司的盈利。留存收益来源于企业的生产经营活动所实现的净利润,包括企业的盈余公积和未分配利润。

1. 盈余公积和未分配利润的概念和科目设置

（1）盈余公积

盈余公积是指企业按规定从净利润中提取的企业积累资金。公司制企业的盈余公积包括法定盈余公积和任意盈余公积。法定盈余公积是指企业按照规定的比例从净利润中提取的盈余公积。任意盈余公积是指企业按照股东会或股东大会决议提取的盈余公积。

企业提取的盈余公积的用途包括弥补亏损、扩大生产经营、转增资本（或股本）或派送新股等。

企业应设置"盈余公积"科目,核算盈余公积的提取和使用等增减变动情况。"盈余公积"科目一般设置"法定盈余公积""任意盈余公积"等进行明细核算。

（2）未分配利润

未分配利润是企业留待以后年度进行分配的历年结存的利润。

未分配利润是通过"利润分配"科目进行核算的,"利润分配"科目一般设置"提取法定盈余公积""提取任意盈余公积""应付现金股利或利润""转作股本的股利""盈余公积补亏"和"未分配利润"等进行明细核算。

2. "盈余公积"和"未分配利润"科目常见的账务处理

1）提取法定盈余公积

（1）一般企业按规定提取盈余公积时

借：利润分配——提取法定盈余公积、提取任意盈余公积
　　贷：盈余公积——法定盈余公积、任意盈余公积

（2）外商投资企业按规定提取的储备基金、企业发展基金、职工奖励及福利基金时

借：利润分配——提取储备基金、提取企业发展基金、提取职工奖励及福利基金
　　贷：盈余公积——储备基金、企业发展基金
借：利润分配——提取职工奖励及福利基金
　　贷：应付职工薪酬

2）公司用盈余公积弥补亏损或转增资本

企业经股东大会或类似机构决议,用盈余公积弥补亏损或转增资本时的账务处理如下。

借：盈余公积

　　贷：利润分配——盈余公积补亏、实收资本或股本

3）公司宣告分派现金股利时

借：利润分配——应付现金股利或利润

　　贷：应付股利

4）实际分派股票股利时

借：利润分配——转作股本的股利

　　贷：股本

5）年末结转本年利润

借：本年利润

　　贷：利润分配——未分配利润

6）年末结转利润分配

借：利润分配——未分配利润

　　贷：利润分配——提取法定盈余公积

　　　　　　　　——应付现金股利或利润

　　　　　　　　——转作股本的股利

借：利润分配——盈余公积补亏

　　贷：利润分配——未分配利润

【例 10-7】　光明股份有限公司的股本为 100 000 000 元,每股面值 1 元。2014 年年初未分配利润为贷方 80 000 000 元,2014 年实现净利润 50 000 000 元。

光明股份有限公司按照 2014 年实现净利润的 10% 提取法定盈余公积,5% 提取任意盈余公积,同时向股东按每股 0.2 元派发现金股利,按每 10 股送 3 股的比例派发股票股利。2015 年 3 月 15 日,公司以银行存款支付了全部现金股利,新增股本也已经办理完股权登记和相关增资手续。

光明股份有限公司相关的账务处理如下。

（1）2014 年年末,企业结转本年实现的净利润

借：本年利润　　　　　　　　　　　　　　　　50 000 000

　　贷：利润分配——未分配利润　　　　　　　　　50 000 000

（2）提取法定盈余公积和任意盈余公积

借：利润分配——提取法定盈余公积　　　　　　5 000 000

　　　　　　——提取任意盈余公积　　　　　　2 500 000

　　贷：盈余公积——法定盈余公积　　　　　　　5 000 000

　　　　　　　　——任意盈余公积　　　　　　　2 500 000

（3）2015 年 3 月 15 日,实际发放现金股利

现金股利＝100 000 000×0.2＝20 000 000（元）

借：应付股利　　　　　　　　　　　　　　　20 000 000
　　贷：银行存款　　　　　　　　　　　　　　　　20 000 000
（4）2015 年 3 月 15 日，实际发放股票股利
　　　　　　股票股利＝100 000 000×1×30％＝30 000 000（元）
借：利润分配——转作股本的股利　　　　　　30 000 000
　　贷：股本　　　　　　　　　　　　　　　　　　30 000 000
（5）结转"利润分配"的明细科目
借：利润分配——未分配利润　　　　　　　　57 500 000
　　贷：利润分配——提取法定盈余公积　　　　　　5 000 000
　　　　　　　　　——提取任意盈余公积　　　　　2 500 000
　　　　　　　　　——应付现金股利　　　　　　20 000 000
　　　　　　　　　——转作股本的股利　　　　　30 000 000

课后思考题

1. 实收资本增加的途径有哪些？
2. 实收资本增加如何进行账务处理？
3. 实收资本减少如何进行账务处理？
4. 资本溢价和股本溢价分别如何进行账务处理？
5. 盈余公积和未分配利润如何进行账务处理？

第11章

收入、费用和利润

【本章学习目标】

- 了解收入、费用、利润的概念。
- 掌握收入、费用、利润的账务处理。

11.1 收入概述

收入是指企业在日常活动中形成的、会导致所有者权益增加的、与所有者投入资本无关的经济利益的总流入。

1. 收入的特征

收入具有以下特征。

(1)收入是日常产生的,并不是在偶然发生的交易或事项中产生的。

(2)收入表现在企业资产的增加或企业负债的减少两方面。

(3)收入必然能导致企业所有者权益的增加。

(4)收入只核算本会计主体的利益流入,不包括代收的款项。

2. 收入的分类

按照以下不同的分类方式,收入可以有不同的分类。

1)企业从事日常经营活动的性质

按照企业从事日常经营活动的性质分类,收入可以分为如下三类。

(1)销售商品取得的收入。

(2)提供劳务取得的收入,主要是以提供建筑安装、金融、运输、保险、旅游、饮食、广告、代理、培训等劳务取得的收入。

(3)让渡资产使用权取得的收入,是指企业提供资产使用权而取得的收入,如租金、品牌使用费等。

2)企业从事日常经营活动的重要程度

按照企业从事日常经营活动的重要程度分类,收入可以分为主营业务收入、其他业务收入。

主营业务收入一般占企业总收入的较大比重,对企业的经济效益产生较大影响。不同行业企业的主营业务收入所包括的内容不同。工业企业的主营业务收入主要包括销售商品、自制半成品、代制品、代修品,提供工业性劳务等实现的收入;商业企业的主营业务收入主要包括销售商品实现的收入;咨询公司的主营业务收入主要包括提供咨询服务实现的收入;安装公司的主营业务收入主要包括提供安装服务实现的收入。

其他业务收入是指企业为完成其经营目标所从事的与经常性活动相关的活动实现的收入。其他业务收入属于企业日常活动中次要交易实现的收入,具有不经常发生,每笔业务金额一般较小,占收入的比重较低等特点。

其他业务收入主要包括企业实现的原材料销售收入、包装物租金收入、固定资产租金收入、无形资产使用费收入等。

3. 科目设置

企业应设置"主营主务收入""利息收入""保费收入"等科目,用来核算企业主要经营活动实现的收入。"主营业务收入"科目的贷方登记企业销售商品、提供劳务或让渡资产使用权所实现的收入;借方登记发生的销售退回和转入"本年利润"科目的收入,期末结转后,该账户应无余额。

企业应设置"其他业务收入"科目,"其他业务收入"科目应按收入类型设置"产品销售收入""作业销售收入""材料销售收入"和"其他销售收入"等科目进行明细核算。该科目的借方登记其他业务收入的结转数,贷方登记实现的其他业务收入,期末将当期发生的全部其他业务收入结转到"本年利润"科目后没有余额。

11.2 销售商品收入的账务处理

企业在销售商品时,只有同时符合以下五个条件时,方可确认为收入。

(1)企业已将商品所有权上的主要风险和报酬转移给购货方。

风险,是指商品由于贬值、损坏、报废等原因造成的损失。报酬是指商品中包含的未来经济利益,包括商品升值带来的利益。如果一件商品所产生的任何损失均不需要本企业承担,其带来的经济利益也不归本企业所有时,则意味着其所有者权上的主要风险和报酬已移出本企业。

(2)企业既没有保留通常与所有权相联系的继续管理权,也没有对已售出的商品实施有效控制。

(3)收入的金额能够可靠地计量。

(4)相关的经济利益很可能流入企业。

(5)相关的已发生或将发生的成本能够可靠地计量。

11.2.1 一般销售商品的账务处理

企业在销售商品时,采用托收承付方式的情况下,在办妥托收手续时确认收入;采用交款提货方式的情况下,在开出发票账单收到货款时确认收入。

1. 托收承付方式销售商品

(1)企业在办妥托收手续确认收入时,企业应按已收或应收的合同或协议金额,加上应收取的增值税额,借记"银行存款""应收账款""应收票据"等科目,按确定的收入金额,贷记"主营业务收入""其他业务收入"等科目,按应收取的增值税额,贷记"应交税费——

应交增值税(销项税额)"科目。

(2) 由于各种原因与发出商品所有权有关的风险和报酬没有转移,企业就不能确认收入。为了单独反映已经发出但尚未确认销售收入的商品成本,企业应增设"发出商品"科目。

① 当发出商品,不能确认收入时,企业应按照合同或协议金额,借记"发出商品"科目,贷记"库存商品"科目。

② 如果纳税义务已发生,借记"应收账款"科目,贷记"应交税费——应交增值税(销项)"科目。

③ 收到款项时,借记"银行存款"科目,贷记"主营业务收入"科目。

④ 结转成本时,借记"主营业务成本"科目,贷记"发出商品"科目。

【例 11-1】 2015 年 7 月 8 日,长城公司销售一批产品给明德公司,价款为 100 000元,产品已发出,增值税发票也已开出,货款未收到。为保证能收回货款,合同规定,在收回货款前,本企业仍保留售出商品的法定所有权。2015 年 7 月 11 日,明德公司承诺在2015 年 7 月 30 日付款。该批商品的成本为 70 000 元。2015 年 7 月 30 日,明德公司履行承诺付款,长城公司已收到款项。

长城公司的相关账务处理如下。

① 发出商品时

借:发出商品　　　　　　　　　　　　　　　　　　　70 000
　　贷:库存商品　　　　　　　　　　　　　　　　　　　　70 000

② 将增值税发票上的增值税额转入应收账款

借:应收账款——明德公司　　　　　　　　　　　　　17 000
　　贷:应交税费——应交增值税(销项税额)　　　　　　　17 000

③ 2015 年 7 月 11 日,明德公司承诺付款时,长城公司确认收入

借:应收账款——明德公司　　　　　　　　　　　　　100 000
　　贷:主营业务收入　　　　　　　　　　　　　　　　　　100 000

同时结转成本。

借:主营业务成本　　　　　　　　　　　　　　　　　70 000
　　贷:发出商品　　　　　　　　　　　　　　　　　　　　7 000

④ 收到款项时

借:银行存款　　　　　　　　　　　　　　　　　　　117 000
　　贷:应收账款——明德公司　　　　　　　　　　　　　117 000

2. 交款提货方式销售商品

企业以交款提货方式销售商品,在开出发票账单收到货款时确认销售商品收入。企业应按已收或应收的合同或协议金额,加上应收取的增值税额,借记"银行存款""应收账款""应收票据"等科目,按确定的收入金额,贷记"主营业务收入""其他业务收入"等科目;按应收取的增值税额,贷记"应交税费——应交增值税(销项税额)"科目。结转成本时,借记"主营业务成本"科目,贷记"发出商品"科目。

【例 11-2】 甲公司为增值税一般纳税人,2015 年 7 月 5 日,向乙公司销售商品一批,

开出的增值税专用发票上注明的价款为 600 000 元,增值税税额为 102 000 元,销售商品实际成本为 450 000 万元。提货单和增值税专用发票已交购货方,并收到购货方开出的商业承兑汇票。

甲公司的相关账务处理如下。

借:应收票据　　　　　　　　　　　　　　　702 000
　　贷:主营业务收入　　　　　　　　　　　　　　600 000
　　　　应交税费——应交增值税(销项税额)　　　　102 000
借:主营业务成本　　　　　　　　　　　　　450 000
　　贷:库存商品　　　　　　　　　　　　　　　　450 000

11.2.2　现金折扣、商业折扣、销售折让的账务处理

企业在销售商品时,会遇到现金折扣、商业折扣、销售折让的经济业务,一般相关账务处理如下。

1. 现金折扣

现金折扣,是指债权人为鼓励债务人在规定的期限内付款而向债务人提供的债务扣除。企业销售商品涉及现金折扣的,应当按照扣除现金折扣前的金额确定销售商品收入金额。现金折扣在实际发生时计入财务费用。

2. 商业折扣

商业折扣,是指企业在销售商品时从商品价目表上规定的价格中扣减一定的数额,以扣减后的金额作为发票价格。企业销售商品涉及商业折扣的,应当按照扣除商业折扣后的金额确定销售商品收入金额。

【例 11-3】　友谊公司为增值税一般纳税人,适用的增值税税率为 17%,向光明销售商品一批,按商品标价计算的金额为 200 万元,由于销量较大,友谊公司给予光明公司 10% 的商业折扣,并开具了增值税专用发票,款项尚未收回。该批商品实际成本为 150 万元。

友谊公司的相关账务处理如下。

(1)确认收入时

借:应收账款　　　　　　　　　　　　　　2 106 000
　　贷:主营业务收入　　　　　　　　　　　　1 800 000
　　　　应交税费——应交增值税(销项税额)　　　306 000

(2)结转销售成本

借:主营业务成本　　　　　　　　　　　　1 500 000
　　贷:库存商品　　　　　　　　　　　　　　1 500 000

3. 销售折让

销售折让,是指企业因售出商品的质量不合格等原因而在售价上给予的减让。销售折让的账务处理原则如下。

(1)如果发生销售折让时,企业尚未确认销售商品收入的,则应在确认销售商品收入时直接按扣除销售折让后的金额确认,这一点与发生商业折扣的处理方法一致。

（2）企业已经确认销售商品收入的售出商品发生销售折让，且不属于资产负债表日后事项的，应在发生时冲减当期的销售商品收入，借记"主营业务收入""应交税费——应交增值税（销项税额）"科目，贷记"应收账款""银行存款"等科目。

【例 11-4】 2015 年 7 月 18 日，顺发公司向隆盛公司销售一批商品，增值税发票注明的售价为 40 000 元，增值税为 6 800 元，该批产品的成本为 35 000 元。隆盛公司收到货物后，发现商品质量与合同要求不一致，要求给予价款 5% 的折让，顺发公司同意折让，隆盛公司支付货款。顺发公司已收到货款。

顺发公司的相关账务处理如下。

① 2015 年 7 月 18 日，顺发公司确认收入时

借：应收账款 46 800
　贷：主营业务收入 40 000
　　　应交税费——应交增值税（销项税额） 6 800

② 同时结转成本

借：主营业务成本 35 000
　贷：库存商品 35 000

③ 发生销售折让时

借：主营业务收入 2 000
　　应交税费——应交增值税（销项税额） 340
　贷：应收账款 2 340

④ 实际收到货款时

借：银行存款 44 460
　贷：应收账款 44 460

11.2.3 销售退回的账务处理

企业销售出去的商品，在某些情况下可能被退回。企业需要根据销售退回的不同情况，分别进行账务处理。

1. 未确认收入的已经发出商品的退回

对于未确认收入的已经发出商品的退回，企业需要将已经计入"发出商品"科目的商品成本转回"库存商品"科目，借记"库存商品"科目，贷记"发出商品"科目。

【例 11-5】 志成公司于 2015 年 4 月 1 日采用委托银行收款方式将一套设备出售给明仁公司，该设备不含税价 200 万元，成本 140 万元，增值税专用发票注明增值税 34 万元。该设备当日发出，双方商定，该设备有 1 个月的试用期，如不满意可以在 1 个月内退货。明仁公司试用该设备时，发现设备无法达到预定的使用要求。2015 年 4 月 15 日，明仁公司将设备退回给志成公司。

志成公司的相关账务处理如下。

（1）志成公司发出商品时

借：发出商品 1 400 000

贷：库存商品	1 400 000

同时，根据发票注明金额进行如下处理。

借：应收账款	340 000
贷：应交税金——应交增值税（销项税额）	340 000

（2）志成公司收到明仁公司退货时

借：库存商品	1 400 000
贷：发出商品	1 400 000
借：应交税金——应交增值税（销项税额）	340 000
贷：应收账款	340 000

2. 已确认收入的销售商品退回

已确认收入的销售商品退回，是以前年度的商品销售在财务报告批准报出之后的退回，或本年销售的商品在本年度的退回，企业应该冲减退回当月的商品销售收入、成本、应交税费以及应收账款等科目，借记"主营业务收入""应交税费——应交增值税（销项税额）"科目，贷记"银行存款""应收账款"科目；借记"库存商品"科目，贷记"主营业务成本"科目。

【例11-6】 2015年11月20日，兴旺公司向明杰公司销售一批商品，增值税发票上注明的售价为100 000元，增值税17 000元，成本60 000元。合同规定的现金折扣条件为1/20，N/30。明杰公司于2015年12月5日已经付款，享受现金折扣1 000元，2015年12月25日该批商品因质量严重不合格被退回。

兴旺公司的相关账务处理如下。

（1）销售商品时

借：应收账款	117 000
贷：主营业务收入	100 000
应交税费——应交增值税（销项税额）	17 000
借：主营业务成本	60 000
贷：库存商品	60 000

（2）收回货款时

借：银行存款	116 000
财务费用	1 000
贷：应收账款	117 000

（3）销售退回时

借：主营业务收入	100 000
应交税费——应交增值税（销项税额）	17 000
贷：银行存款	116 000
财务费用	1 000
借：库存商品	60 000
贷：主营业务成本	60 000

3. 在特殊情况下的销售退回

在资产负债表日及之前售出的商品在资产负债表日至财务会计报告批准报出日之间退回的,应作为资产负债表日后的调整事项,调整报告年度的收入成本等。

【例 11-7】 明达公司于 2014 年 12 月 19 日赊销给光明公司产品一批,售价为 100 000 元,适用增值税税率为 17%,其成本为 52 000 元。2015 年 3 月 9 日,该批产品因为严重的质量问题,被光明公司退回。明达公司适用所得税税率为 33%,分别按净利润的 10%和 5%提取法定盈余公积和法定公益金。

2004 年明达公司的账面应进行如下账务处理。

(1) 借:以前年度损益调整   100 000

          应交税金——应交增值税(销项税额)   17 000

      贷:银行存款   117 000

(2) 借:库存商品   52 000

      贷:以前年度损益调整   52 000

(3) 应交税金——应交所得税=(100 000-52 000)×33%=15 840(元)

  借:应交税金——应交所得税   15 840

      贷:以前年度损益调整   15 840

(4) 利润分配——未分配利润=100 000-52 000-15 840=32 160(元)

              盈余公积=32 160×(10%+5%)=4 824(元)

  借:利润分配——未分配利润   32 160

      贷:以前年度损益调整   32 160

  借:盈余公积   4 824

      贷:利润分配——未分配利润   4 824

11.2.4 委托代销商品的账务处理

企业委托代销商品取得收入的账务处理如下。

1. 以视同买断的方式代销商品

视同买断方式代销商品,是指委托方和受托方签订合同或协议,委托方按合同或协议收取代销的货款,实际售价由受托方自定,实际售价与合同或协议价之间的差额归受托方所有。

以视同买断的方式代销商品分两种情况。

1) 如果委托方和受托方之间合同或协议明确标明,商品的所有权和风险全部转移到了受托方

(1) 委托方的账务处理

① 销售商品给受托方时,借记"应收账款"等科目,贷记"主营业务收入""应交税费——应交增值税(销项税额)"科目。

② 结转销售成本时,借记"主营业务成本"科目,贷记"库存商品"科目。

③ 收到受托方销售代销商品的货款时,借记"银行存款"科目,贷记"应收账款"

科目。

（2）受托方的账务处理

① 收到受托代销商品时，按合同或协议价格，借记"库存商品"科目，贷记"应付账款""应交税费——应交增值税（进项税额）"科目。

② 对外销售代销商品时，按实际售价，借记"银行存款"等科目，贷记"主营业务收入""应交税金——应交增值税（销项税额）"科目。

③ 结转销售成本时，按接收商品的价格，借记"主营业务成本"科目，贷记"库存商品"科目。

④ 按合同或协议价格将款项付给委托方时，借记"应付账款"科目，贷记"银行存款"科目。

【例 11-8】　海创公司委托明达公司销售 200 件商品，协议价为 100 元/件，该商品成本为 60 元/件，增值税税率为 17%。商品已经发出，根据代销协议，明达公司不能将没有代销出去的商品退回海创公司；海创公司将该批商品交付明达公司时须交纳增值税，金额为 3 400 元。明达公司对外销售该批商品的售价为 120 元/件，收到款项并已存入银行。

海创公司的账务处理如下。

① 海创公司将该批商品交付明达公司

借：应收账款——明达公司　　　　　　　　　　23 400

　　贷：主营业务收入　　　　　　　　　　　　　　20 000

　　　　应交税费——应交增值税（销项税额）　　　3 400

② 结转销售成本时

借：主营业务成本　　　　　　　　　　　　　　12 000

　　贷：库存商品　　　　　　　　　　　　　　　12 000

③ 收到明达公司汇来货款时

借：银行存款　　　　　　　　　　　　　　　　23 400

　　贷：应收账款——明达公司　　　　　　　　　23 400

明达公司的账务处理如下。

① 收到该批商品

借：库存商品　　　　　　　　　　　　　　　　20 000

　　应交税费——应交增值税（进项税额）　　　　3 400

　　贷：应付账款——海创公司　　　　　　　　　23 400

② 对外销售该批商品

借：银行存款　　　　　　　　　　　　　　　　28 080

　　贷：主营业务收入　　　　　　　　　　　　　24 000

　　　　应交税费——应交增值税（销项税额）　　　4 080

③ 结转销售成本时

借：主营业务成本　　　　　　　　　　　　　　20 000

　　贷：库存商品　　　　　　　　　　　　　　　20 000

④ 按合同协议价将款项付给海创公司

借：应付账款——海创公司　　　　　　　　　23 400

　　贷：银行存款　　　　　　　　　　　　　　　　23 400

2）如果委托方和受托方之间的合同或协议明确标明，将来受托方可以将未售出的商品退还给委托方

此种情况下，委托方在交付商品时不确认收入，受托方也不作购进商品处理。受托方将商品销售后，应按实际售价确认为销售收入，并向委托方开具代销清单。委托方收到代销清单时，再确认本企业的销售收入。

作为受托方的企业应该设置"受托代销商品"和"代销商品款"科目，用来核算企业代销商品的业务。"受托代销商品"科目属资产类，用来核算企业接受其他单位委托代销或寄销的商品；"代销商品款"科目属负债类，用来核算企业接受代销、寄销的商品的价款。

（1）委托方的账务处理

① 发出代销商品时，借记"发出商品"科目，贷记"库存商品"科目。

② 收到受托方提供的代销清单，确认收入时，借记"应收账款"科目，贷记"主营业务收入""应交税费——应交增值税（销项税额）"科目。

③ 结转成本时，借记"主营业务成本"科目，贷记"发出商品"科目。

（2）受托方的账务处理

① 收到受托代销的商品时，根据受托代销商品的合同或协议价格，借记"受托代销商品"科目，贷记"代销商品款"科目。

② 对外销售代销商品时，按实际售价，借记"银行存款"等科目，贷记"主营业务收入""应交税费——应交增值税（销项税额）"科目。

③ 结转销售成本时，借记"主营业务成本"科目，贷记"受托代销商品"科目。

④ 按合同或协议价格将款项付给委托方时，借记"代销商品款"科目，贷记"银行存款"科目。

2. 以收取手续费的方式代销商品

1）委托方的账务处理

（1）发出代销商品时，借记"发出商品"科目，贷记"库存商品"科目。

（2）收到代销清单确认收入时，借记"应收账款"科目，贷记"主营业务收入""应交税费——应交增值税（销项税额）"科目。

（3）结转成本时，借记"主营业务成本"科目，贷记"发出商品"科目。

（4）收到代销款时，借记"银行存款"科目，贷记"应收账款"科目。

（5）支付代销手续费时，借记"销售费用"科目，贷记"应收账款"科目。

2）受托方的账务处理

（1）收到受托代销的商品时，根据受托代销商品的合同或协议价格，借记"受托代销商品"科目，贷记"代销商品款"科目。

（2）对外销售代销商品时，按实际售价，借记"银行存款"等科目，贷记"应付账款""应交税费——应交增值税（销项税额）"科目。

（3）收到委托方增值税专用发票时，借记"应交税费——应交增值税（进项税额）"等科目，贷记"应付账.款"科目；同时售出部分确认代销商品款，借记"代销商品款"科目，贷记"受托代销商品"科目。

（4）按合同协议价向委托方支付货款时，借记"应付账款"科目，贷记"银行存款"科目。

（5）收到委托方支付的手续费时，借记"银行存款"等科目，贷记"其他业务收入"科目。

【例 11-9】 兴业公司将 500 件商品（成本为 800 元/件）委托给腾飞公司代销，双方签订的代销合同约定，腾飞公司对外销售的价格为 1 200 元/件，兴业公司按销售收入的 15％向腾飞公司支付代销手续费。腾飞公司将 500 件商品当月全部售出，增值税税率为 17％。兴业公司收到腾飞公司开具的代销清单时，向腾飞公司开具一张相同金额的增值税专用发票。月末双方往来账款结清。

兴业公司的相关账务处理如下。

① 发出商品时

借：发出商品　　　　　　　　　　　　　　　　400 000
　　贷：库存商品　　　　　　　　　　　　　　　　　400 000

② 收到代销清单时

借：应收账款　　　　　　　　　　　　　　　　702 000
　　贷：主营业务收入　　　　　　　　　　　　　　　600 000
　　　　应交税费——应交增值税（销项税额）　　　　102 000

③ 结转成本时

借：主营业务成本　　　　　　　　　　　　　　400 000
　　贷：发出商品　　　　　　　　　　　　　　　　　400 000

④ 收到腾飞公司支付的货款时

借：银行存款　　　　　　　　　　　　　　　　702 000
　　贷：应收账款　　　　　　　　　　　　　　　　　702 000

⑤ 向腾飞公司支付代销手续费时

代销手续费金额＝600 000×15％＝90 000（元）

借：销售费用　　　　　　　　　　　　　　　　90 000
　　贷：应收账款　　　　　　　　　　　　　　　　　90 000

腾飞公司的相关账务处理如下。

① 收到代销商品时

借：受托代销商品　　　　　　　　　　　　　　600 000
　　贷：代销商品款　　　　　　　　　　　　　　　　600 000

② 对外销售时

借：银行存款　　　　　　　　　　　　　　　　702 000
　　贷：应收账款　　　　　　　　　　　　　　　　　600 000
　　　　应交税费——应交增值税（销项税额）　　　　102 000

③ 收到兴业公司增值税专用发票时

借：应交税费——应交增值税（进项税额）　　　102 000
　　贷：应付账款　　　　　　　　　　　　　　　　　102 000
借：代销商品款　　　　　　　　　　　　　600 000
　　贷：受托代销商品　　　　　　　　　　　　　　600 000

④ 按合同或协议价格支付兴业公司货款时

借：应付账款　　　　　　　　　　　　　　702 000
　　贷：银行存款　　　　　　　　　　　　　　　　702 000

⑤ 收到兴业公司支付的手续费时

借：银行存款　　　　　　　　　　　　　　90 000
　　贷：其他业务收入　　　　　　　　　　　　　　90 000

11.2.5　预收货款销售商品的账务处理

预收货款销售商品，是指企业按照合同规定预先向购货单位收取部分或全部价款，然后发出商品。采用预收款方式销售商品，须在发出商品时确认收入，预收的货款应确认为负债。

预收货款销售商品的一般账务处理为借记"预收账款"科目，贷记"主营业务收入""应交税费"等科目。预收账款的账务处理在本书第 9 章的第 4 节已经涉及，此处不再赘述。

11.2.6　其他销售商品业务的账务处理

除了上述销售商品取得收入的方式，还有一些特殊的销售商品的业务，相关账务处理如下。

1. 以旧换新销售商品的账务处理

销售的商品应当按照销售商品收入确认条件确认收入，回收的旧商品作为购进商品处理。企业销售商品确认收入时，借记"银行存款"等科目，贷记"主营业务收入""应交税费——应交增值税（销项税额）科目；结转成本时，借记"主营业务成本"科目，贷记"库存商品"科目；回收旧商品时，借记"原材料""库存商品""应交税费——应交增值税（进项税额）"等科目，贷记"银行存款"等科目。

2. 附有销售退回条件销售商品的账务处理

（1）企业根据以往经验能够合理估计退货可能性，并能够确认与退货相关的负债的情况，通常应在发出商品时确认收入。企业发出商品时，借记"应收账款"科目，贷记"主营业务收入""应交税费——应交增值税（销项税）"科目；结转成本时，借记"主营业务成本"科目，贷记"库存商品"科目；确认估计销售退回时，借记"主营业务收入"科目，贷记"主营业务成本""预计负债"科目。

（2）企业不能合理估计退货可能性的情况，通常应在售出商品退货期满时确认收入。企业在发出商品时，借记"发出商品"科目，贷记"库存商品"科目；借记"应收账款"科目，贷记"应交税费——应交增值税（销项税额）"科目。

3. 销售需要安装和检验的商品的账务处理

企业销售需要安装和检验的商品时,通常在购买方接受交货以及安装和检验完毕后,确认收入。企业发出商品时,借记"发出商品"科目,贷记"库存商品"科目;确认收入时,借记"应收账款"科目,贷记"主营业务收入""应交税费——应交增值税（销项税额）"科目;结转成本时,借记"主营业务成本"科目,贷记"发出商品"科目。

4. 分期收款方式销售商品的账务处理

以分期收款方式销售商品取得的收入,在符合收入确认条件时,企业应当按照应收的合同或协议价款的公允价值确定收入金额。应收的合同或协议价款的公允价值,通常应当按照其未来现金流量现值或商品现销价格计算确定。合同或协议价款与公允价值的差额,应在合同或协议期间内,按照应收款项的摊余成本和实际利率计算的金额进行摊销,作为财务费用的抵减处理。

5. 以售后回购方式销售商品的账务处理

以售后回购方式销售商品时,企业收到的款项通常不确认为销售商品收入,应确认为负债;回购价格大于原售价的,差额应在回购期间按期计提利息,计入财务费用。有确凿证据表明售后回购交易满足销售商品收入确认条件的,销售的商品按售价确认收入,回购的商品作为购进商品处理。

6. 以售后租回方式销售商品的账务处理

以售后租回方式销售商品时,企业收到的款项通常不确认为销售商品收入,应确认为负债,售价与资产账面价值之间的差额应当分别按不同情况进行会计处理。如果售后租回交易认定为融资租赁,售价与资产账面价值之间的差额应当予以递延,并按照该项租赁资产的折旧进度进行分摊,作为折旧费用的调整。企业的售后租回交易认定为经营租赁的,应当按以下情况分别进行账务处理。

（1）有确凿证据表明售后租回交易是按公允价值达成的,售价与资产账面价值的差额计入当期损益。

（2）有确凿证据表明售后租回交易不是按公允价值达成的,售价低于公允价值的差额计入当期损益。但若该损失将由低于市价的未来租赁付款额补偿时,有关损失应予以递延（递延收益）,并按与确认租金费用相一致的方法在租赁期内进行分摊;如果售价大于公允价值,其大于公允价值的部分应计入递延收益,并在租赁期内分摊。

11.3 提供劳务收入的账务处理

劳务收入是指企业为客户提供劳务所取得的收入。劳务的种类很多,如旅游、运输、饮食、广告、咨询、培训、产品安装等。

企业提供劳务收入的确认原则因劳务完成时间的不同而不同,相关的账务处理流程如图 11-1 所示。

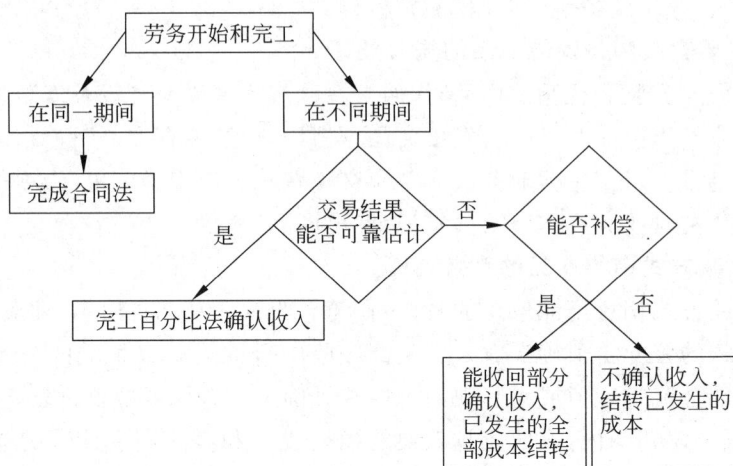

图 11-1 提供劳务收入的账务处理流程

11.3.1 单纯提供劳务取得收入的账务处理

1. 劳务开始和完工时间,在同一会计期间

在同一会计期间内开始并完成的劳务,在劳务完成时确认收入,确认的金额为合同或协议总金额,确认方法可参照商品销售收入的确认原则。

(1) 对于一次就能完成的劳务,企业应在提供劳务交易完成时确认收入及相关成本。

企业在确认收入时,借记"应收账款""银行存款"等科目,贷记"主营业务收入"科目;在确认成本费用时,借记"主营业务成本"科目,贷记"银行存款"科目。

(2) 若是需要一段时间才能完成的安装任务(不超过核算会计期间),可以在发生各项支出时,先通过"劳务成本"账户中进行归集。发生有关劳务成本时,借记"劳务成本"科目,贷记"银行存款"科目。确认收入、费用时,借记"银行存款""应收账款"等科目,贷记"主营业务收入"科目;借记"主营业务成本"科目,贷记"劳务成本"科目。

2. 劳务开始和完工时间,在不同会计期间

劳务的开始和完成分属于不同会计期间时,需要考虑提供劳务交易结果能否可靠估计。

1) 提供劳务交易结果能够可靠估计

如果同时满足下列条件,则交易的结果能够可靠地估计。

(1) 收入的金额能够可靠地计量。

(2) 相关的经济利益很可能流入企业。

(3) 交易的完工进度能够可靠地确定。

企业确定提供劳务交易的完工进度,可以选用下列方法:已完成工作量的测量、已经提供的劳务占应提供劳务总量的比例、已发生的成本占估计成本的比例。

（4）交易中已发生和将发生的成本能够可靠地计量。

劳务的开始和完成分属不同的会计年度，且在资产负债表日能对该项交易的结果做出可靠估计的采用完工百分比法确认收入。

在采用完工百分比法确认收入时，收入和相关的费用应按以下公式计算。

本年确认的收入 ＝ 劳务总收入 × 本年末止劳务的完工进度 － 以前年度已确认的收入
本年确认的费用 ＝ 劳务总成本 × 本年末止劳务的完工进度 － 以前年度已确认的费用

在采用完工百分比法确认提供劳务收入的情况下，企业应按计算确定的提供劳务收入金额，借记"应收账款""银行存款"等科目，贷记"主营业务收入"科目。结转提供劳务成本时，借记"主营业务成本"科目，贷记"劳务成本"科目。

【例 11-10】 恒通公司是一家从事设备安装业务的企业，于 2014 年 11 月 1 日接受一项设备安装任务，安装期 3 个月，合同总收入 200 000 元，至 2014 年年末已预收款项 180 000 元，实际发生成本 100 000 元（假设为安装人员的工资），估计还会发生 25 000 元的成本。该安装劳务适用的营业税税率为 3％，不考虑其他相关税费。按已经发生的成本占估计总成本的比例确定劳务的完工进度。

恒通公司的相关账务处理如下。

① 实际发生劳务成本时

实际发生的成本占估计总成本的比例＝100 000÷（100 000＋25 000）＝80％

2014 年确认的提供劳务的成本＝125 000×80％＝100 000（元）

借：劳务成本 100 000
  贷：应付职工薪酬 100 000

② 预收款项、申报缴纳营业税金时

借：银行存款 180 000
  贷：预收账款 180 000

借：应交税费——应交营业税 5 400
  贷：银行存款 5 400

③ 确认劳务收入时

2014 年确认的提供劳务的收入＝200 000×80％＝160 000（元）

借：预收账款 160 000
  贷：主营业务收入 160 000

④ 结转劳务成本、计算应缴营业税时

借：主营业务成本 100 000
  贷：劳务成本 100 000

借：营业税金及附加 4 800
  贷：应交税费——应交营业税 4 800

2）提供劳务交易的结果不能可靠估计

当企业提供劳务交易的结果不能可靠估计时，企业应正确预计已经收回或将要收回的款项能弥补多少已经发生的成本，并按以下方法进行账务处理。

（1）如果已经发生的劳务成本预计全部能够得到补偿，应按已收或预计能够收回的金额确认提供劳务收入,并结转已经发生的劳务成本。

(2) 如果已经发生的劳务成本预计部分能够得到补偿的,应按能够得到补偿的劳务成本金额确认提供劳务收入,并按已经发生的劳务成本结转成本。

(3) 如果已经发生的劳务成本预计全部不能得到补偿的,应将已经发生的成本确认为当期损益(主营业务成本或其他业务成本),不确认提供劳务收入。

【例 11-11】 运康公司于 2014 年 11 月受托为朝日公司培训一批学员,培训期为 6 个月,2014 年 11 月 1 日开学。双方签订的协议注明,朝日公司应支付培训费总额为 120 000 元,分三次支付,每期支付 40 000 元。第一次在开学时预付;第二次在培训期中间,即 2015 年 2 月 1 日支付;第三次在培训结束时支付。朝日公司已在 11 月 1 日预付第一期款项。

2014 年 12 月 31 日,运康公司得知朝日公司当年效益不好,经营发生困难,后两次的培训费是否能收回,没有把握,已经发生的培训成本 60 000 元,估计能够得到补偿的部分为 40 000 元。

【案例分析】 由于 2014 年 12 月 31 日,运康公司得知朝日公司当年效益不好,经营发生困难,后两次的培训费是否能收回,没有把握。运康公司只能将已经发生的培训成本 60 000 元中能够得到补偿的部分(即 40 000 元)确认为收入,同时结转能够得到补偿部分的成本 40 000 元,同时对不能得到补偿的 20 000 元成本计入当期损益。

运康公司的相关账务处理如下。

① 2014 年 11 月 1 日,收到朝日公司预付的培训费时

借:银行存款　　　　　　　　　　　　　　　　40 000
　　贷:预收账款　　　　　　　　　　　　　　　　40 000

② 运康公司发生培训成本时

借:劳务成本　　　　　　　　　　　　　　　　60 000
　　贷:银行存款等　　　　　　　　　　　　　　　60 000

③ 2014 年 12 月 31 日,确认收入时

借:预收账款　　　　　　　　　　　　　　　　40 000
　　贷:主营业务收入　　　　　　　　　　　　　　40 000

④ 结转成本时

借:主营业务成本　　　　　　　　　　　　　　40 000
　　贷:劳务成本　　　　　　　　　　　　　　　　40 000

11.3.2　同时销售商品和提供劳务的账务处理

企业与其他企业签订的合同或协议,有时既包括销售商品又包括提供劳务。如果销售商品部分和提供劳务部分能够区分并且能够单独计量的,企业应当分别核算销售商品部分和提供劳务部分,将销售商品的部分作为销售商品处理,将提供劳务的部分作为提供劳务处理;如果销售商品部分和提供劳务部分不能够区分,或虽能区分但不能够单独计量的,企业应当将销售商品部分和提供劳务部分全部作为销售商品部分进行账务处理。

【例 11-12】 天扬公司与顺峰公司签订合同,向顺峰公司销售一部电梯并负责安装。天扬公司开出的增值税专用发票上注明的价款合计为 2 000 000 元,其中电梯销售价格为 1 960 000 元,安装费为 40 000 元,增值税税额为 340 000 元。电梯的成本为 1 120 000 元;电梯安装过程中发生安装费 24 000 元,均为安装人员薪酬。假定电梯已经安装完成并经验收合格,款项尚未收到;安装工作是销售合同的重要组成部分。

天扬公司的相关账务处理如下。

(1)电梯发出结转成本时

借:发出商品   1 120 000

    贷:库存商品   1 120 000

(2)实际发生安装费用时

借:劳务成本   24 000

    贷:应付职工薪酬   24 000

(3)确认销售电梯收入和提供劳务收入

借:应收账款   2 340 000

    贷:主营业务收入——销售××电梯   1 960 000

                  ——电梯安装劳务   40 000

        应交税费——应交增值税(销项税额)   340 000

(4)结转销售商品成本和安装成本

借:主营业务成本——销售电梯   1 120 000

    贷:发出商品   1 120 000

借:主营业务成本——电梯安装劳务   24 000

    贷:劳务成本   24 000

11.4 让渡资产使用权

让渡资产使用权收入主要包括利息收入和使用费收入。利息收入,主要是指金融企业对外贷款形成的利息收入,以及同业之间发生往来形成的利息收入等。使用费收入,主要是指企业转让无形资产(如商标权、专利权、专营权、软件、版权)等资产的使用权形成的使用费收入。

1. 让渡资产使用权收入的确认和计量原则

(1)与交易相关的经济利益能够流入企业。企业应根据对方的信誉情况、当年的效益情况以及双方就结算方式、付款期限达成的协议等方面进行判断。如果企业估计收入收回的可能性不大,就不应确认收入。

(2)收入的金额能够可靠地计量。利息收入应在每个会计期末,按未收回的存款或贷款等的本金、存续期间和适当的利率计算并确认利息收入。使用费收入应按有关合同或协议约定的收费时间和方法确认。

① 如果合同或协议规定使用费一次性收取,且不提供后续服务的,应视同该项资产

的销售一次性确认收入;如果提供后续服务的,应在合同或协议规定的有效期内分期确认收入。

② 如合同或协议规定分期收取使用费的,应按合同或协议规定的收款时间和金额,或者合同或协议规定的收费方法计算的金额分期确认收入。

当收入的金额能够可靠地计量时,企业才能进行确认。

2. 让渡资产使用权收入的账务处理

企业让渡资产使用权的利息收入,按计算确定的利息收入金额,借记"应收利息""银行存款"等科目,贷记"利息收入""其他业务收入"等科目。

企业让渡资产使用权的使用费收入,一般通过"其他业务收入"进行账务处理;让渡资产所计提的摊销额等,一般通过"其他业务成本"科目进行账务处理;涉及营业税的,应通过"营业税金及附加"科目进行账务处理。常见的使用费收入的账务处理有以下几种。

(1) 出租包装物

企业出租包装物,取得租金收入时,借记"银行存款"科目,贷记"其他业务收入"科目;包装物摊销时,借记"其他业务成本"科目,贷记"周转材料"科目。

(2) 出租固定资产

企业出租固定资产,取得租金收入时,借记"银行存款"科目,贷记"其他业务收入"科目;固定资产计提折旧时,借记"其他业务成本"科目,贷记"累计折旧"科目。

(3) 出租无形资产(转让使用权)

企业出租无形资产(转让使用权),取得租金收入时,借记"银行存款"科目,贷记"其他业务收入"科目;计提无形资产摊销时,借记"其他业务成本"科目,贷记"累计摊销"科目。

【例 11-13】 尚德公司许可宏富公司在其商品上使用尚德公司的某个注册商标,合同规定宏富公司每年年末按年销售收入的 10% 支付尚德公司商标许可使用费,使用期 10 年。假定第一年宏富公司销售收入 100 000 元,第二年销售收入 180 000 元,这两年的商标许可使用费按期支付。

尚德公司的相关账务处理如下。

① 第一年年末确认使用费收入

$$使用费收入 = 100\ 000 \times 10\% = 10\ 000(元)$$

借:银行存款   10 000
  贷:其他业务收入   10 000

② 第二年年末确认使用费收入

$$使用费收入 = 1\ 500\ 000 \times 10\% = 150\ 000(元)$$

借:银行存款   18 000
  贷:其他业务收入   18 000

11.5 费用

费用是指企业在日常经济活动中发生的、会导致所有者权益减少的、与所有者分配利润无关的经济利益的总流出。费用具有以下特征。

（1）费用是在企业的日常活动中所产生的，而不是在偶发的交易或事项中产生的；

（2）费用会导致的所有者权益的减少。

（3）费用可能表现为企业负债的增加，或企业资产的减少，或者二者兼而有之。

费用包括计入生产经营成本的费用（即营业成本）、计入当期损益的期间费用、营业税税金及附加。

营业成本是与营业收入直接相关的，已经确定了归属期和归属对象的各种直接费用。营业成本主要包括主营业务成本、其他业务成本、劳务成本。

期间费用是指虽与本期收入的取得密切相关，但企业日常活动中不能直接归属于某个特定成本核算对象的，发生时应直接计入当期损益的各种费用。期间费用包括管理费用、销售费用和财务费用。

11.5.1 主营业务成本

主营业务成本是指公司生产和销售与主营业务有关的产品或提供服务所必须投入的直接成本。主营业务成本主要包括原材料成本、人工成本（工资）和固定资产折旧等。

公司应设置"主营业务成本"科目，用于核算企业与主营业务有关的成本。"主营业务成本"账户下应按照主营业务的种类设置明细账，进行明细核算。期末，应将本账户的余额转入"本年利润"账户，结转后本账户应无余额。

主营业务成本的账务处理在 11.2 节和 11.3 节已经涉及，此处不再赘述。

11.5.2 其他业务成本

"其他业务成本"科目用于核算施工企业因产品销售、材料销售、作业销售以及其他销售的销售成本。借方登记各种其他业务支出的发生数；贷方登记其他业务支出的结转数；期末将当期发生的全部其他业务支出结转到"本年利润"科目后没有余额。"其他业务成本"科目应按支出类型设置"产品销售成本""作业销售成本""材料销售成本""其他销售成本"等科目进行明细核算。

【例 11-14】 清风公司于 2015 年 1 月 1 日向安顺公司转让某专利权的使用权。协议约定转让期为 5 年，每年年末收取使用费 100 000 元。2015 年该专利权计提的摊销额为 60 000 元，每月计提金额为 5 000 元。假定不考虑其他因素。

清风公司相关账务处理如下。

（1）2008 年年末确认使用费收入时

借：应收账款（或银行存款）　　　　　　　　　　100 000

　　贷：其他业务收入　　　　　　　　　　　　　　100 000

（2）2008 年每月计提专利权摊销额时

借：其他业务成本　　　　　　　　　　　　　　　5 000

　　贷：累计摊销　　　　　　　　　　　　　　　　5 000

11.5.3 营业税金及附加

营业税金及附加是指企业经营主要业务应负担的营业税、消费税、城市维护建设税、资源税和教育费附加等相关税费。

企业应设置"营业税金及附加"科目,核算企业与营业收入有关的,应由各项经营业务负担的税金及附加。企业按规定计算确定的与经营活动相关的税费,借记"营业税金及附加"科目,贷记"应交税费"等科目;企业收到的消费税、营业税返还等,按实际收到的金额,借记"银行存款"科目,贷记"营业税金及附加"科目。期末,应将本科目余额转入"本年利润"科目,结转后本科目应无余额。

11.5.4 管理费用

管理费用是指企业为组织和管理企业生产经营活动所发生的各种费用。

企业应设置"管理费用"科目,用于核算管理费用的发生和结转情况。该科目按管理费用的费用项目进行明细核算。

管理费用主要包括 4 大类,相关账务处理如下。

(1) 企业筹建期的开办费。开办费主要包括人员工资、办公费、培训费、差旅费、印刷费、注册登记费等。企业发生开办费时,借记"管理费用"科目,贷记"银行存款"科目。

(2) 企业行政管理部门人员的工资、福利等,借记"管理费用"科目,贷记"应付职工薪酬"科目。

(3) 企业行政管理部门发生的办公费、水电费、差旅费等以及企业发生的业务招待费、咨询费、研究费用、固定资产日常修理费(生产车间＋管理部门)等其他费用,借记"管理费用"科目,贷记"银行存款""研发支出"等科目。

(4) 房产税、土地使用税、车船税、印花税、矿产资源补偿费,借记"管理费用"科目,贷记"应交税费"等科目。

期末,应将"管理费用"科目余额转入"本年利润"科目,借记"本年利润"科目,贷记"管理费用"科目。

【例 11-15】 思德公司 6 月份筹建期间发生办公费、差旅费等开办费 30 000 元,均用银行存款支付。

思德公司的相关账务处理如下。

借:管理费用　　　　　　　　　　　　　　30 000
　贷:银行存款　　　　　　　　　　　　　　　30 000

【例 11-16】 思德公司行政部 8 月份共发生费用 234 000 元,其中,行政人员薪酬160 000 元,行政部专用办公设备折旧费 45 000 元,报销行政人员差旅费 22 000 元(假定报销人均未预借差旅费),其他办公费、水电费合计 7 000 元(均用银行存款支付)。

思德公司的相关账务处理如下。

借:管理费用　　　　　　　　　　　　　　234 000

贷：应付职工薪酬	160 000
累计折旧	45 000
库存现金	22 000
银行存款	7 000

【例 11-17】 思德公司请专家对公司一项产品的设计方案进行评估,以银行存款支付咨询费 60 000 元。

思德公司的相关账务处理如下。

借：管理费用	60 000
贷：银行存款	60 000

【例 11-18】 思德公司当月按规定计算确定的应交土地使用税为 4 000 元,应交房产税为 3 000 元,应交车船税为 3 600 元。

思德公司的相关账务处理如下。

借：管理费用	10 600
贷：应交税费——应交房产税	3 000
——应交车船税	3 600
——应交土地使用税	4 000

11.5.5 销售费用

销售费用是指企业销售商品和材料、提供劳务的过程中发生的各种费用。

企业应设置"销售费用"科目,用来核算企业销售商品等过程中发生的各种费用,并应当按照费用项目进行明细核算。

销售费用主要的账务处理如下。

(1) 企业在销售商品过程中发生的业务招待费、差旅费、包装费、保险费、展览费、广告费、运输费、装卸费等费用,借记"销售费用"科目,贷记"现金""银行存款"科目。

(2) 企业销售人员的工资、福利等费用,借记"销售费用"科目,贷记"应付职工薪酬"科目。

(3) 企业销售人员或销售机构的固定资产折旧,借记"销售费用"科目,贷记"累计折旧"等科目。

期末,应将"销售费用"科目余额转入"本年利润"科目,结转后"销售费用"科目应无余额。

11.5.6 财务费用

财务费用是指企业为筹集生产经营所需资金等而发生的筹资费用。财务费用主要包括利息支出(减息收入)、汇兑损益以及相关的手续费、企业发生或收到的现金折扣等。

企业应设置"财务费用"科目,核算企业为筹资而发生的费用。"财务费用"科目按费用项目设置明细账,进行明细核算。企业发生的财务费用,借记"财务费用"科目,贷记"银行存款"等科目;企业发生的应冲减财务费用的利息收入、汇兑损益、现金折扣,借记"银行存款""应付账款"等科目,贷记"财务费用"科目。期末,"财务费用"科目的余额结转至"本年利润"科目后无余额。

11.6　利润

利润,是指企业在一定会计期间的经营成果。利润反映的是企业的经营业绩情况,是业绩考核的重要指标。利润包括收入减去费用后的净额、直接计入当期利润的利得和损失等。利润相关的计算公式如下。

营业利润＝主营业务利润－其他业务利润－营业税金及附加
　　　　　－销售费用－管理费用－财务费用－资产减值损失
　　　　　＋公允价值变动收益(或减公允价值变动损失)
　　　　　＋投资收益(或减投资损失)
利润总额＝营业利润＋营业外收入－营业外支出
净利润＝利润总额－所得税费用

其中,主营业务利润＝主营业务收入－主营业务成本,其他业务利润＝其他业务收入－其他业务成本。

11.6.1　资产减值损失

资产减值损失是指企业计提各项资产减值准备所形成的损失。

企业应设置"资产减值损失"科目,用来核算企业计提各项资产减值准备所形成的损失。该科目应按照资产减值损失的项目进行明细核算。"资产减值损失"科目常见的账务处理如下。

(1)企业在确定资产发生减值时,按应减记的金额,借记"资产减值损失"科目,贷记"存货跌价准备""坏账准备""在建工程——减值准备""长期股权投资减值准备""固定资产减值准备""持有至到期投资减值准备""生产性生物资产——减值准备""工程物资——减值准备""商誉——减值准备""无形资产减值准备""损余物资——跌价准备""贷款损失准备""抵债资产——跌价准备"等科目。

(2)企业计提存货跌价准备、坏账准备、损余物资——跌价准备、贷款损失准备、持有至到期投资减值准备等后,当相关资产恢复到以前的价值时,应在原已计提的减值准备金额内,按恢复增加的金额,借记"存货跌价准备""坏账准备""损余物资——跌价准备""贷款损失准备""持有至到期投资减值准备"等科目,贷记"资产减值损失"科目。

(3)期末,应将"资产减值损失"科目余额转入"本年利润"科目,结转后"资产减值损失"科目无余额。

【例 11-19】 2014 年 12 月 31 日,明悦公司一批原材料的账面价值为 300 000 元,由于市场价格下跌,预计可变现净值为 230 000 元,由此应计提的存货跌价准备为 70 000

元。2015 年 6 月 30 日,该批原材料的市场价格有所上升,预计可变现净值为 280 000 元,应转回的存货跌价准备为 50 000 元。

明悦公司的相关账务处理如下。

① 2014 年 12 月 31 日

借:资产减值损失——计提存货跌价准备　　　　　70 000

　　贷:存货跌价准备　　　　　　　　　　　　　　　　70 000

② 2015 年 6 月 30 日

借:存货跌价准备　　　　　　　　　　　　　　　50 000

　　贷:资产减值损失——计提的存货跌价　　　　　　50 000

11.6.2　公允价值变动损益

公允价值变动损益,即公允价值变动收益(或损失),是指企业交易性金融资产等公允价值变动形成的应计入当期损益的利得(或损失)。

企业应设置"公允价值变动损益"科目,用来核算企业在初始确认时划分为以公允价值计量且其变动计入当期损益的金融资产或金融负债(包括交易性金融资产或金融负债),以及以公允模式进行后续计量的投资性房地产、衍生工具、套期保值业务等公允价值变动形成的应计入当期损益的利得或损失。该科目可以按照交易性金融资产、交易性金融负债、投资性房地产等进行明细核算。"公允价值变动损益"科目常见的账务处理如下。

(1) 企业在出售交易性金融资产时,应按实际收到的金额,借记"银行存款"等科目,按其账面余额,贷记"交易性金融资产——成本、公允价值变动"科目,同时按"公允价值变动损益"科目的余额,借记或贷记"公允价值变动损益"科目,贷记或借记"投资收益"科目。

(2) 企业处置以公允模式进行后续计量的投资性房地产时,按照收到的金额,借记"银行存款"等科目,贷记"其他业务收入"科目;借记"其他业务成本"科目,贷记"投资性房地产——成本、公允价值变动"科目,同时结转投资性房地产累积公允价值变动。

(3) 资产负债表日,企业应按交易性金融资产的公允价值高于其账面余额的差额,借记"交易性金融资产——公允价值变动""投资性房地产——公允价值变动"科目,贷记"公允价值变动损益"科目;公允价值低于其账面余额的差额,做相反的账务处理。

(4) 期末,企业应将"公允价值变动损益"科目余额转入"本年利润"科目,结转后无余额。

11.6.3　投资损益

投资损益,即投资收益(或损失),是指企业以各种方式对外投资所取得的收益(或发生的损失)。

企业应设置"投资收益"科目,用来核算企业确认的投资收益或投资损失。该科目可按投资项目进行明细核算。投资收益常见的账务处理如下。

(1) 长期股权投资采用成本法核算的,企业应按被投资单位宣告发放的现金股利或利润中属于本企业的部分,借记"应收股利"科目,贷记"投资收益"科目;属于被投资单位在取得本企业投资前实现净利润的分配额,应作为投资成本的收回,借记"应收股利"等科目,贷记"长期股权投资"科目。

(2) 长期股权投资采用权益法核算的,应按根据被投资单位实现的净利润或经调整的净利润计算应享有的份额,借记"长期股权投资——损益调整"科目,贷记"投资收益"科目。

(3) 被投资单位发生亏损、分担亏损份额超过长期股权投资而冲减长期权益账面价值的,借记"投资收益"科目,贷记"长期股权投资——损益调整"科目。发生亏损的被投资单位以后实现净利润的,企业计算的应享有的份额,如有未确认投资损失的,应先弥补未确认的投资损失,弥补损失后仍有余额的,借记"长期股权投资——损益调整"科目,贷记"投资收益"科目。

(4) 出售长期股权投资时,应按实际收到的金额,借记"银行存款"等科目,按其账面余额,贷记"长期股权投资"科目,按尚未领取的现金股利或利润,贷记"应收股利"科目,按其差额,贷记或借记"投资收益"科目。已计提减值准备的,还应同时结转减值准备。

(5) 出售采用权益法核算的长期股权投资时,还应按处置长期股权投资的投资成本比例结转原记入"资本公积——其他资本公积"科目的金额,借记或贷记"资本公积——其他资本公积"科目,贷记或借记"投资收益"科目。

(6) 期末,应将"投资收益"科目余额转入"本年利润"科目,该科目结转后应无余额。

【例 11-20】 2015 年年初,恒通公司购买了一项公司债券,该债券票面价值为 1 500 万元,票面利率为 3%。剩余年限为 5 年,划分为交易性金融资产,公允价值为 1 200 万元,交易费用为 10 万元,该债券在第五年兑付(不能提前兑付)时可得本金 1 500 万元。2015 年年末按票面利率 3% 收到利息。2015 年年末将债券出售,价款为 1 400 万元。

恒通公司的相关账务处理如下。

① 2015 年年初,购买公司债券时

借:交易性金融资产——成本	12 000 000	
投资收益	100 000	
贷:银行存款		12 100 000

② 2015 年年末收到利息时

| 借:银行存款 | 450 000 | |
| 　　贷:投资收益 | | 450 000 |

③ 2015 年年末出售该公司债券时

借:银行存款	14 000 000	
贷:交易性金融资产——成本		12 000 000
投资收益		2 000 000

11.6.4　营业外收入

营业外收入是指企业发生的与其日常活动无直接关系的各项利得。

营业外收入包括固定资产盘盈、处置固定资产净收益、非货币性交易收益、出售无形资产收益、罚款净收入、教育费附加返还款、企业合并损益等。

企业应设置"营业外收入"科目,核算营业外收入的取得及结转情况。企业确认营业外收入,借记"固定资产清理""应付账款""库存现金""银行存款"等科目,贷记"营业外收入"科目。期末,应将"营业外收入"科目余额转入"本年利润"科目,该科目结转后应无余额。

【例11-21】 明达公司出售一台铣床,设备原价148 000元,已提折旧20 000元,按协商价130 000元出售给英达公司,同时用库存现金支付运费1 200元。明达公司并未对该设备计提减值准备。

明达公司的相关账务处理如下。

(1)出售固定资产时

借:固定资产清理　　　　　　　　　　　　　128 000
　　累计折旧　　　　　　　　　　　　　　　　20 000
　　贷:固定资产　　　　　　　　　　　　　　　　　148 000

(2)支付运费时

借:固定资产清理　　　　　　　　　　　　　1 200
　　贷:库存现金　　　　　　　　　　　　　　　　　1 200

(3)收到出售设备款项时

借:银行存款　　　　　　　　　　　　　　　130 000
　　贷:固定资产清理　　　　　　　　　　　　　　　130 000

(4)结转出售设备净收益

　　　　　处理固定资产净收益＝130 000－128 000－1 200＝800(元)

借:固定资产清理　　　　　　　　　　　　　800
　　贷:营业外收入——处理固定资产净收益　　　　　800

11.6.5　营业外支出

营业外支出是指企业发生的与其日常活动无直接关系的各项损失。

营业外支出包括处置固定资产净损失、固定资产盘亏、债务重组损失、出售无形资产损失、计提的无形资产减值准备、计提的固定资产减值准备、计提的在建工程减值准备、捐赠支出、罚款支出、非常损失等。非常损失是指企业由于客观因素造成的损失,比如自然灾害等造成的损失,在扣除保险公司赔偿后计入营业外支出的损失。

企业应设置"营业外支出"科目,核算营业外支出的发生及结转情况。该科目可以按照支出项目进行明细核算。营业外支出常见的账务处理如下。

(1)企业处置非流动资产损失时,借记"营业外支出"科目,贷记"无形资产""原材料""固定资产清理"等科目。

(2)企业确认盘亏、非常损失计入营业外支出时,借记"营业外支出"科目,贷记"库存现金""待处理财产损益"等科目。

(3)期末,企业应将"营业外支出"科目余额转入"本年利润"科目,结转后该科目应无余额。

【例 11-22】　顺发公司因火灾导致 A 设备损毁,清理后估计未烧毁部分的价值为
50 000 元,验收入库,A 设备在烧毁前的账面价值为 200 000 元,累计计提折旧为 120 000
元,用库存现金支付清理费用 20 000 元。保险公司核定应赔偿 80 000 元,尚未支付赔偿
款。顺发公司确认了 A 设备的损失。

顺发公司的相关账务处理如下。

① 转销 A 设备的账面价值

借:固定资产清理　　　　　　　　　　　　　　　　　80 000
　　累计折旧　　　　　　　　　　　　　　　　　　　120 000
　　贷:固定资产　　　　　　　　　　　　　　　　　　　　　200 000

② 登记 A 设备的残值时

借:原材料　　　　　　　　　　　　　　　　　　　　50 000
　　贷:固定资产清理　　　　　　　　　　　　　　　　　　　50 000

③ 支付清理费用时

借:固定资产清理　　　　　　　　　　　　　　　　　20 000
　　贷:库存现金　　　　　　　　　　　　　　　　　　　　　20 000

④ 确定保险赔款

借:其他应收款　　　　　　　　　　　　　　　　　　80 000
　　贷:固定资产清理　　　　　　　　　　　　　　　　　　　80 000

⑤ 确认 A 设备的损失时

借:营业外支出　　　　　　　　　　　　　　　　　　30 000
　　贷:固定资产清理　　　　　　　　　　　　　　　　　　　30 000

11.6.6　本年利润

本年利润反映一定期间的经营成果。

企业应设置“本年利润”科目,核算企业当期实现的净利润(或发生的净亏损)。本年
利润常见的账务处理如下。

(1)企业期末结转利润时,应将各损益类科目的金额转入“本年利润”科目,结平各损
益类科目。结转各项收入、利得时,借记“主营业务收入”“其他业务收入”“投资收益”“营
业外收入”等科目,贷记“本年利润”科目;结转各项费用、损失时,借记“本年利润”科目,贷
记“主营业务成本”“其他业务成本”“营业税金及附加”“销售费用”“管理费用”“财务费用”
“资产减值损失”“营业外支出”“所得税费用”等科目。

(2)年度终了,应将本年收入利得和费用、损失相抵后结出的本年实现的净利润,转
入“利润分配”科目,借记“本年利润”科目,贷记“利润分配——未分配利润”科目;如为净
亏损作相反的账务处理,结转后本科目应无余额。

课后思考题

1. 收入有哪些分类?
2. 销售商品收入如何进行账务处理?
3. 提供劳务收入如何进行账务处理?
4. 让渡资产使用权如何进行账务处理?
5. 管理费用、销售费用、财务费用分别如何进行账务处理?
6. 利润相关的计算公式有哪些?

第12章 纳　税

【本章学习目标】
- 了解纳税前的准备工作。
- 掌握增值税申报、企业所得税申报。

12.1　纳税前的准备

每个企业在经营过程中,都涉及纳税的活动。企业按照课税对象对常见税种进行分类,主要包括所得税、流转税、财产税、行为税、资源税。

所得税,又称收益税,是指以各种所得额为课税对象的一类税。企业常见的所得税包括企业所得税、外商投资企业和外国企业所得税等。

流转税,是指以商品生产流转额和非生产流转额为课税对象的一类税。企业常见的流转税包括增值税、消费税、营业税、关税、车辆购置税等。

财产税,是指以纳税人所拥有或支配的财产为课税对象的一类税。企业常见的财产税包括房产税、契税、车辆购置税和车船税等。

行为税,是指以纳税人的某些特定行为为课税对象的一类税。企业常见的行为税包括城市维护建设税、印花税等。

资源税,是指以各种应税自然资源为课税对象、为了调节资源级差收入并体现国有资源有偿使用而征收的一种税。企业常见的资源税包括土地增值税、耕地占用税和城镇土地使用税等。

1. 认识税务登记证

税务登记证,是从事生产、经营的纳税人向生产、经营地或者纳税义务发生地的主管税务机关申报办理税务登记时,所颁发的登记凭证。

税务登记证的主要内容包括:纳税人名称、税务登记代码、法定代表人或负责人、生产经营地址、登记类型、核算方式、生产经营范围(主营、兼营)、发证日期等。税务登记证及其副本,如图 12-1 所示。

税务登记证是企业完成了税务登记的重要凭据,也是企业合法经营的标志,企业应当妥善保管。我国相关法律规定,纳税人办理下列事项时,必须持税务登记证件:开立银行账户,申请减税、免税、退税,申请办理延期申报、延期缴纳税款,领购发票,申请开具外出经营活动税收管理证明,办理停业、歇业,其他有关税务事项。

2. 办理税务登记证

会计人员需要携带如下材料,到当地税务主管机关办理税务登记证。

(a) 税务登记证

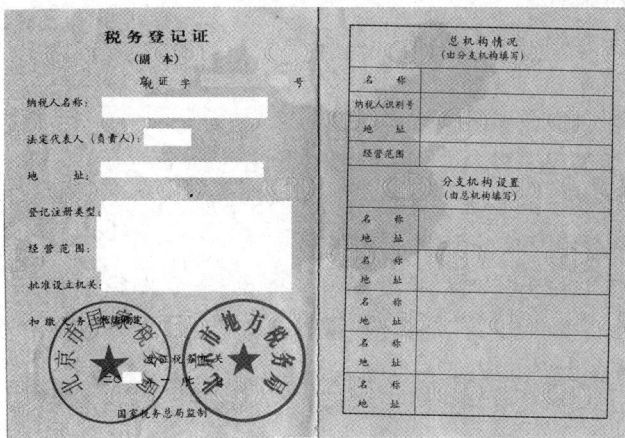

(b) 税务登记证副本

图 12-1 税务登记证及其副本

（1）营业执照或其他核准执业证件原件及复印件。

（2）组织机构代码证书副本原件及其复印件，个体户可以不用提供。

（3）注册地址及实际生产、经营地址证明（产权证、租赁协议）原件及复印件：如为自有房产，提供产权证或买卖契约等合法的产权证明原件及其复印件。如为租赁的场所，提供租赁协议原件及其复印件。如实际生产、经营地址与注册地址不一致，分别提供相应证明。

（4）公司章程复印件。

（5）有权机构出具的验资报告或评估报告原件及其复印件。

（6）法定代表人（负责人）居民身份证、护照或者其他证明身份的合法证件及复印件。

在实务中，会计人员可以向当地的税务主管机关咨询办理税务登记所需要提供的资料。

3. 税种认定登记

企业应在领取税务登记证及副本之后，并且在纳税申报之前，到当地税务主管机关申请税种认定登记，填写《纳税人税种登记表》。当地税务主管机关对纳税人报送的《税种认定表》及有关资料进行审核（可以派人到纳税人的生产经营现场调查）之后，对纳税人适用的税种、税目、税率、纳税期限、纳税方法等做出确认，在《纳税人税种登记表》的有关栏目中注明，并且书面通知纳税人其税种认定结果。

4. 发票管理

发票是指在购销商品，提供或者接受服务以及从事其他经营活动中，开具或收取的收付款凭证。发票是纳税人经济活动的重要凭证，也是财政、税收、审计等部门进行财务税收检查的重要依据。

1) 发票分类

我国发票可以分为增值税专用发票和普通发票。

(1) 增值税专用发票

增值税专用发票是仅限于增值税一般纳税人领购使用的，反映经济活动的重要会计凭证。增值税专用发票是兼记销货方纳税义务和购货方进项税额的合法证明。我国增值税专用发票由国家税务总局监制设计印制。

增值税专用发票的基本联次共四联，各联的用途如下。

① 存根联，由开票方留存备查。销货方在使用增值税专用发票时，必须按规定保存该联，不得从增值税专用发票的发票本上撕下。

② 发票联，收执方作为付款或收款原始凭证，属于商事凭证。

③ 税款抵扣联，是购货方计算进项税额的证明，由购货方取得该联后，按税务机关的规定，报送主管税务机关认证和留存备查的凭证。

④ 记账联，是销货方核算销售收入和销项税额的记账凭证。

(2) 普通发票

普通发票是指增值税专用发票以外的纳税人使用的其他发票。根据行业的不同，普通发票一般可分为工业发票、商业发票、加工修理修配业发票、收购业发票、交通运输业发票、建筑安装业发票、金融保险业发票、邮电通信业发票、娱乐业发票、服务业发票、转让无形资产发票以及销售不动产类发票等。

普通发票的基本联次为三联：第一联为存根联，开票方留存备查用；第二联为发票联，收执方作为付款或收款原始凭证；第三联为记账联，开票方作为记账的原始凭证。

2) 领购发票的程序

企业在领取税务登记证件后，应向主管税务机关提出领购发票申请，同时提供经办人身份证明、税务登记证及副本、企业财务印章或者发票专用章的印模，以及税务机关要求提供的其他证件资料。主管税务机关在对企业的领购发票申请及有关证件审核后，发给企业《发票领购簿》。企业按照《发票领购簿》上核定的发票种类、数量以及购票方式等，向主管税务机关领购发票。

增值税专用发票只限于增值税的一般纳税人领购使用，增值税的小规模纳税人和非增值税纳税人不得领购使用。

3）发票保管

发票保管时，要建章立制，设置台账，定期保存，已开具的发票存根联和发票登记簿及账册应当保存 10 年，保存期满报经国税机关查验后销毁。增值税专用发票要专人保管；放在保险柜内；设置领、用、存登记簿；取得的发票抵扣联装订成册；已开具的存根保存 10 年，期满后报主管税务机关查验后销毁；未经批准，不得跨规定的区域携带、邮寄、运输空白的发票；禁止携带、邮寄、运输空白的发票出入国境。

企业发生丢失、被盗增值税专用发票和普通发票时，应立即报告主管国税机关，并接受税务机关处罚。

12.2　增值税申报

纳税申报是指纳税人按照税法规定的期限和内容向税务机关提交有关纳税事项书面报告的法律行为，是纳税人履行纳税义务、承担法律责任的主要依据，是税务机关税收管理信息的主要来源和税务管理的一项重要制度。

增值税是对销售货物或者提供加工、修理修配劳务以及进口货物的单位和个人就其实现的增值额征收的一种流转税。增值税已经成为中国最主要的税种之一。

1. 增值税的征收范围

增值税的征收范围主要包括销售货物、提供应税劳务、进口货物、提供应税服务等。

1）销售货物

销售货物，是指在我国境内有偿转让货物的所有权。有偿，是指从购买方取得货币、货物或者其他经济利益。货物，是指除土地、房屋和其他建筑物等不动产之外的有形动产，包括电力、热力、气体在内。

另外，下列情况应视同销售货物。

（1）销售代销货物（代销手续费缴纳营业税）。

（2）将货物交付其他单位或个人代销。

（3）将货物从一地移送至另一地（同一县市除外）。

（4）企业将自产或者委托加工的货物用于集体福利或个人消费、用于分配给股东或投资者、无偿赠送给其他单位或个人、作为投资提供给其他单位或个人等。

2）提供应税劳务

应税劳务主要是指加工劳务和修理修配劳务。

（1）加工，是指受托方按照委托方的要求，利用委托方提供原料及主要材料制造货物，并收取加工费的业务。

（2）修理修配，是指受托对损伤和丧失功能的货物进行修复，使其恢复原状和功能的业务。

需要注意的是，单位或个体经营者聘用的员工为本单位或雇主提供加工、修理修配劳务，不包括在内。

3）进口货物

进口货物是指从外国境外移送至我国境内的货物。税法规定，凡进入我国海关境内的货物，应于进口报关时向海关缴纳进口环节增值税。

4）提供应税服务

应税服务主要包括以下两个方面。

（1）交通运输业的相关服务。

（2）现代服务业的相关服务，例如，研发与技术服务、信息技术服务、文化创意服务、物流辅助服务、有形动产租赁服务、鉴证咨询服务、广播影视服务、邮政服务等。

2. 增值税的纳税人

增值税的纳税人包括在我国境内销售货物或者提供加工、修理修配劳务以及进口货物的单位和个人。

其中，进口货物的纳税人是进口货物收货人或报关进口单位。代理进口的，以海关完税凭证（专用缴款书）上的纳税人为增值税的纳税人。我国境外的单位或者个人在境内提供应税劳务，在境内未设有经营机构的，以其境内代理人为扣缴义务人；在境内没有代理人的单位或者个人，以购买方为扣缴义务人。扣缴义务人是指法律、行政法规规定负有代扣代缴、代收代缴税款义务的单位或个人。

3. 增值税的税率与征收率

增值税税率是指增值税税额占货物或应税劳务销售额的比率，是计算货物或应税劳务增值税税额的尺度。我国增值税税率针对的是一般纳税人。

增值税征收率是实际交纳的增值税额占应税劳务销售额的比率。我国增值税征收率针对的是小规模纳税人。

增值税的税率及征收率的确定，需要区分一般纳税人和小规模纳税人。一般纳税人与小规模纳税人的认定标准，如表 12-1 所示。

表 12-1　一般纳税人与小规模纳税人的认定标准

纳　税　人	小规模纳税人	一般纳税人
从事货物生产或者提供应税劳务的纳税人，以及以从事货物生产或者提供应税劳务为主，并兼营货物批发或者零售的纳税人	年应税销售额在 50 万元以下（含 50 万元）	年应税销售额在 50 万元以上
批发或零售货物的纳税人	年应税销售额在 80 万元以下（含 80 万元）	年应税销售额在 80 万元以上
提供应税服务的纳税人	年应税销售额在 500 万元以下（含 500 万元）	年应税销售额在 500 万元以上
年应税销售额超过小规模纳税人标准的其他个人	按小规模纳税人纳税	
非企业性单位、不经常发生应税行为的企业	可选择按小规模纳税人纳税	

注：年应税销售额是指纳税人在连续不超过 12 个月的经营期内累计的应征增值税销售额，包括纳税申报销售额、稽查查补销售额、纳税评估调整销售额、税务机关代开发票销售额和免税销售额。

一般纳税人的增值税税率和小规模纳税人的增值税征收率，如表 12-2 所示。税务机关有特殊规定的应交增值税项目，企业应按相关规定交纳增值税。

表 12-2 增值税税率及征收率

按纳税人划分	税率或征收率	适 用 范 围
一般纳税人	基本税率 17%	销售或进口货物、提供应税劳务
	低税率 13%	销售或进口税法列举的五类货物： （1）粮食、食用植物油、鲜奶 （2）自来水、暖气、冷气、热水、煤气、天然气等 （3）图书、报纸、杂志 （4）饲料、化肥、农药、农机和农膜 （5）农产品、音像制品、电子出版物等
	零税率	纳税人出口货物
小规模纳税人	征收率 3%	

4. 增值税的计算

（1）一般纳税人增值税的计算

一般纳税人应纳增值税额的常用计算公式如下。

$$当期应纳税额＝当期销项税额－当期进项税额$$

$$当期销项税额＝当期不含税销售额×适用税率$$

其中,销项税额是指纳税人提供应税服务按照销售额和增值税税率计算的增值税额。进项税额是指纳税人购进货物或者接受加工修理修配劳务和应税服务,支付或者负担的增值税税额。

在实务中,销货方往往会将增值税额与货物售价加总进行定价,此时的销售额是包含增值税的,在计算不含税销售额时需要将增值税扣除,计算公式如下。

$$当期不含税销售额＝当期含税销售额÷（1＋适用税率）$$

（2）小规模纳税人增值税的计算

小规模纳税人应纳增值税额的计算公式如下。

$$当期应纳税额＝当期不含税销售额×适用征收率$$

小规模纳税人销售货物或者提供应税劳务采用销售额和应纳税额合并定价的情况,按下列公式计算销售额。

$$当期不含税销售额＝当期含税销售额÷（1＋适用征收率）$$

5. 增值税的纳税申报

纳税人的具体纳税期限,由主管税务机关根据纳税人应纳税额的大小分别核定;不能按照固定期限纳税的,可以按次纳税。纳税人以 1 日、3 日、5 日、10 日或者 15 日为 1 个纳税期的,自期满之日起 5 日内预缴税款,于次月 1 日起 15 日内申报纳税并结清上月应纳税款。以 1 个月或者 1 个季度为 1 个纳税期的,自期满之日起 15 日内申报纳税。纳税人进口货物,应当自海关填发进口增值税专用缴纳书之日起 15 日内缴纳税款。

纳税人办理纳税申报时,须准备纳税申报表、财务会议报表及说明资料等。增值税一般纳税人还需提供增值税申请抵扣凭证,发票领、用、存月报表,增值税销项税额和进项税额明细表,国税机关要求申报的其他资料。

12.3　企业所得税申报

企业所得税是指对我国境内的企业和其他取得收入的组织以其生产经营所得为课税对象所征收的一种所得税。

1. 企业所得税的征税对象和纳税人

企业所得税的征税对象是纳税人取得的所得,包括销售货物所得、提供劳务所得、转让财产所得、股息红利所得、利息所得、租金所得、特许权使用费所得、接受捐赠所得和其他所得。需要注意的是,这里的纳税"企业"包括居民企业和非居民企业。

居民企业,是指依法在中国境内成立,或者依照外国(地区)法律成立但实际管理机构在中国境内的企业。非居民企业,是指依照外国(地区)法律成立且实际管理机构不在中国境内,但在中国境内设立机构、场所的,或者在中国境内未设立机构、场所,但有来源于中国境内所得的企业。

居民企业应当就其来源于中国境内、境外的所得缴纳企业所得税。非居民企业在中国境内设立机构、场所的,应当就其所设机构、场所取得的来源于中国境内的所得,以及发生在中国境外但与其所设机构、场所有实际联系的所得,缴纳企业所得税。非居民企业在中国境内未设立机构、场所的,或者虽设立机构、场所但取得的所得与其所设机构、场所没有实际联系的,应当就其来源于中国境内的所得缴纳企业所得税。

交纳企业所得税的纳税人包括国有企业、集体企业、私营企业、联营企业、股份制企业、有生产经营所得和其他所得的其他组织。个人独资企业、合伙企业不需要交纳企业所得税,只需要交纳个人所得税即可。

2. 企业所得税的税率

企业所得税的税率,如表 12-3 所示。

表 12-3　企业所得税税率

税率	适用企业	备注
25%	居民企业,在中国境内设立机构场所的非居民企业	
20%	居民企业中符合条件的小型微利企业	自 2014 年 1 月 1 日至 2016 年 12 月 31 日,对年应纳税所得额低于 10 万元(含 10 万元)的小型微利企业,其所得减按 50% 计入应纳税所得额,按 20% 的税率缴纳企业所得税
	在中国境内未设立机构、场所的,或者虽设立机构、场所但取得的所得与其所设机构、场所没有实际联系的非居民企业	虽设立机构、场所但取得的所得与其所设机构、场所没有实际联系的非居民企业,实际按 10% 的税率缴纳企业所得税
15%	国家需要重点扶持的高新技术企业	

3. 企业所得税应纳税所得额的计算

企业每一纳税年度的收入总额,减去不征税收入、免税收入、各项扣除以及允许弥补的以前年度亏损后的余额,为应纳税所得额,计算公式如下。

$$应纳税所得额＝收入总额－不征税收入－免税收入－各项扣除$$
$$－允许弥补的以前年度亏损$$

企业所得税的基础是应纳税所得额,如果应纳税所得额为负数,企业就不需要缴纳企业所得税。应纳税所得额如果为正数,就需要缴纳企业所得税。

1)收入总额

企业以货币形式和非货币形式从各种来源取得的收入,为收入总额。收入总额包括销售货物收入,提供劳务收入,转让财产收入,股息、红利等权益性投资收益,利息收入,租金收入,特许权使用费收入,接受捐赠收入等。

企业所得税规定,纳税人应纳税所得额的计算,以权责发生制为原则,同时对分期收款销售商品、长期工程(劳务)合同等经营业务规定可按如下方法确定。

(1)以分期收款方式销售商品的,可以按合同约定的应付货款的日期确定销售收入的实现。

(2)安装、装配工程和提供劳务,持续时间超过 1 年的,可以按完工进度或完成的工作量确定收入的实现。

(3)为其他企业加工、制造大型机械设备、船舶等,持续时间超过四年的,可以按完工进度或者完成的工作量确定收入的实现。

2)不征税收入

收入总额中的如下收入为不征税收入。

(1)财政拨款。

(2)依法收取并纳入财政管理的行政事业性收费、政府性基金。

(3)国务院规定的其他不征税收入。

3)免税收入

税法规定的免税收入包括以下几个方面。

(1)国债利息收入。

(2)居民企业直接投资于其他居民企业取得的投资收益。

(3)在中国境内有机构场所的非居民企业从居民企业取得与该机构场所有实际联系的股息红利等权益性投资收益。

(4)符合条件的非营利性组织收入,包括非营利性的收入和部分营利性收入,如接受其他单位或者个人捐赠的收入,除企业所得税法第七条规定的财政拨款以外的其他政府补助收入(政府购买服务的除外)、省级以上财政部门规定收取的会费、不征税收入和免税收入孳生的银行存款利息收入和财政部国税总局规定的其他收入。

(5)企业取得的 2009 年及以后年度发行的地方政府债券利息收入。

4)各项扣除

我国税法相关条例规定,企业实际发生的与取得收入有关的、合理的支出,包括成本、费用、税金、损失和其他支出,准予在计算应纳税所得额时扣除。

(1)此处的成本是指纳税人为生产、经营产品和提供劳务等所发生的各项直接费用和间接费用。

（2）此处的费用是指纳税人为生产、经营商品和提供劳务等发生的销售费用（经营费用）、管理费用和财务费用。

（3）此处的税金是指纳税人应按规定缴纳的消费税、营业税、城市维护建设税、资源税、土地增值税、教育费附加等税金。

（4）此处的损失是指纳税人生产、经营过程中的各项营业外支出，已发生的经营亏损和投资损失以及其他损失。

（5）企业发生的公益性捐赠支出，在年度利润总额12%以内的部分，准予在计算应纳税所得额时扣除。

在计算应纳税所得额时，下列支出不得扣除。

（1）向投资者支付的股息、红利等权益性投资收益款项。

（2）企业所得税税款。

（3）违法经营的罚款和被没收财物的损失。

（4）各项税收的滞纳金。

（5）超过国家允许扣除的公益、救济性捐赠，以及非公益、救济性捐赠。

（6）各种赞助支出。

（7）企业之间支付的管理费、企业内营业机构之间支付的租金和特许权使用费，以及非银行企业内营业机构之间支付的利息。

（8）未经核定的准备金支出。

（9）与取得收入无关的其他支出。

5）允许弥补的以前年度亏损

企业某一纳税年度发生的亏损可以用下一年度的所得弥补，下一年度的所得不足以弥补的，可以逐年延续弥补，但最长不得超过5年。企业在汇总计算缴纳企业所得税时，其境外营业机构的亏损不得抵减境内营业机构的盈利。

4. 企业所得税的纳税申报

按月份或季度预缴税款的企业所得税纳税人，应在月份或季度终了后15日内向主管税务机关进行纳税申报并预缴税款。其中，第四季度的税款也应于季度终了后15日内先进行预缴，然后在年度终了后45日内进行年度申报，税务机关在5个月内进行汇算清缴，多退少补。

季度申报预缴税款时，纳税人需要及时向当地主管税务机关报送所得税申报表、财务会计报表及说明资料。年度汇缴税款时，纳税人需要及时向当地主管税务机关报送所得税申报表、所得税申报表附表、财务会计报表及说明资料等。

课后思考题

1. 发票的分类有哪些？
2. 增值税的征收范围包括哪些内容？
3. 一般纳税人与小规模纳税人的认定标准是什么？
4. 如何计算增值税？
5. 如何计算企业所得税应纳税所得额？

第 13 章

财 务 报 表

【本章学习目标】
- 了解资产负债表、利润表、现金流量表的格式。
- 掌握资产负债表、利润表的编制方法。

13.1 资产负债表

资产负债表是反映企业在某一特定日期财务状况的报表。它反映企业在某一特定日期所拥有或控制的经济资源、所承担的现时义务和所有者对净资产的要求权。资产负债表展示了在某一特定日期企业的资产、负债和所有者权益的数额及其构成,通过年末数和年初数的变化,反映各个项目的增减变动情况。

1. 资产负债表的内容与结构

资产负债表的内容包括资产、负债、所有者权益,并且满足"资产＝负债＋所有者权益"平衡式。我国企业资产负债表采用账户式结构,分为左右两方,左方为资产,右方为负债和所有者权益。

(1) 资产

资产按照流动资产和非流动资产两大类别在资产负债表中进行列示。

资产负债表中列示的流动资产项目有货币资金、交易性金融资产、应收票据、应收账款、预付款项、应收利息、应收股利、其他应收款、存货和一年内到期的非流动资产等。

资产负债表中列示的非流动资产项目有长期股权投资、固定资产、在建工程、工程物资、固定资产清理、无形资产、开发支出、长期待摊费用以及其他非流动资产等。

(2) 负债

负债按照流动负债和非流动负债两大类别在资产负债表中进行列示。

资产负债表中列示的流动负债项目有短期借款、应付票据、应付账款、预收款项、应付职工薪酬、应交税费、应付利息、应付股利、其他应付款、一年内到期的非流动负债等。

资产负债表中列示的非流动负债项目有长期借款、应付债券和其他非流动负债等。

(3) 所有者权益

所有者权益一般按照实收资本、资本公积、盈余公积和未分配利润分项列示。

2. 资产负债表的格式

资产负债表的格式,如图 13-1 所示。

表 13-1　资产负债表的格式

资产负债表

会企 01 表

编制单位：　　　　　　　　×× 年 ×× 月 ×× 日　　　　　　　　单位：元

资　　产	期末余额	年初余额	负债和所有者权益	期末余额	年初余额
流动资产：			**流动负债：**		
货币资金			短期借款		
交易性金融资产			交易性金融负债		
应收票据			应付票据		
应收账款			应付账款		
预付款项			预收款项		
应收利息			应付职工薪酬		
应收股利			应交税费		
其他应收款			应付利息		
存货			应付股利		
一年内到期的非流动资产			其他应付款		
其他流动资产			一年内到期的非流动负债		
流动资产合计			其他流动负债		
非流动资产：			流动负债合计		
可供出售金融资产			**非流动负债：**		
持有至到期投资			长期借款		
长期应收款			应付债券		
长期股权投资			长期应付款		
投资性房地产			专项应付款		
固定资产			预计负债		
在建工程			递延所得税负债		
工程物资			其他非流动负债		
固定资产清理			非流动负债合计		
生产性生物资产			负债合计		
油气资产			**所有者权益：**		
无形资产			实收资本（或股本）		
开发支出			资本公积		
商誉			减：库存股		
长期待摊费用			盈余公积		
递延所得税资产			未分配利润		
其他非流动资产			所有者权益合计		
非流动资产合计					
资产总计			负债和所有者权益总计		

3. 资产负债表的编制方法

资产负债表中"年初余额"栏各项的数字,应按上年年末资产负债表中"期末余额"栏中的数字填列。若本年度资产负债表中规定的各项目的名称和内容与上年度不一致,应对上年年末资产负债表各项的名称和数字按照本年度的规定进行调整后,填入表中的"年初余额"栏。

"期末余额"是指某一资产负债表日的数字,即月末、季末、半年末或年末的数字。资产负债表各项目"期末余额"的数据,可以通过以下几种方式取得。

(1)根据总账科目的余额填列。按此种方式填列的项目主要有"交易性金融资产""递延所得税资产""短期借款""交易性金融负债""应付票据""应付职工薪酬""应交税费""递延所得税负债""预计负债""实收资本""资本公积""盈余公积"。

(2)根据几个总账科目的余额计算填列。按此种方式填列的项目主要有"货币资金""未分配利润""存货"等,相关公式如下。

货币资金="库存现金""银行存款""其他货币资金"三者总账余额之和

未分配利润="本年利润""利润分配"两者总账余额之和

存货=所有存货类总账余额合计+"生产成本"总账余额-"存货跌价准备"总账余额

(3)根据有关明细科目的余额计算填列。按此种方式填列的项目主要有"应付账款""预付账款""预收款项",相关公式如下。

预收款项="预收账款"明细账贷方余额+"应收账款"明细账贷方余额

应付账款="应付账款"明细账贷方余额+"预付账款"明细账贷方余额

预付账款="预付账款"明细账借方余额+"应付账款"明细账借方余额

(4)根据总账科目和明细科目的余额分析计算填列。按此种方式填列的项目主要有"长期借款""长期待摊费用",相关公式如下。

长期借款="长期借款"总账余额-明细账中1年内到期的"长期借款"

长期待摊费用="长期待摊费用"总账余额-明细账中1年内"长期待摊费用"

(5)根据总账科目与其备抵科目抵销后的净额填列。按此种方式填列的项目主要有"长期股权投资""固定资产""无形资产"等,相关公式如下。

长期股权投资="长期股权投资"总账余额-"长期股权投资减值准备"总账余额

固定资产="固定资产"总账余额-"累计折旧"总账余额

-"固定资产减值准备"总账余额

无形资产="无形资产"总账余额-"累计摊销"总账余额

-"无形资产减值准备"总账余额

13.2 利润表

利润表是反映企业在一定会计期间经营成果的报表。由于收入和费用是企业在一定期间内发生的,因此,利润表属于动态报表。通过利润表可以从总体上了解企业收入、成本和费用、净利润（或亏损）的实现及构成情况。通过利润表提供的不同时期的比较数字，可以分析企业的获利能力及利润的未来发展趋势，了解投资者投入资本的保值增值情况。

1. 利润表的格式

我国企业的利润表采用多步式格式，如表13-2所示。利润表中净利润的计算主要分为以下几步。

表 13-2　利润表的格式

利　润　表

会计02表

编制单位：

单位：元

项　目	本期金额	上期金额
一、营业收入		
减：营业成本		
营业税金及附加		
销售费用		
管理费用		
财务费用		
资产减值损失		
加：公允价值变动收益（损失以"－"号填列）		
投资收益（损失以"－"号填列）		
其中：对联营企业和合营企业的投资收益		
二、营业利润（亏损以"－"号填列）		
加：营业外收入		
其中：非流动资产处置利得		
减：营业外支出		
其中：非流动资产处置损失		
三、利润总额（亏损总额以"－"号填列）		
减：所得税费用		
四、净利润（净亏损以"－"号填列）		
五、其他综合收益的税后净额		
（一）以后不能重分类进损益的其他综合收益		
1. 重新计量设定受益计划净负债或净资产所产生的变动		
2. 权益法下在被投资单位不能重分类进损益的其他综合收益中享有的份额		
……		
（二）以后将重分类进损益的其他综合收益		

续表

项　　目	本期金额	上期金额
1．权益法下在被投资单位以后将重分类进损益的其他综合收益中享有的份额		
2．可供出售金融资产公允价值变动损益		
3．持有至到期投资重分类为可供出售金融资产损益		
4．现金流量套期损益的有效部分		
5．外币财务报表折算额		
……		
六、综合收益总额		
七、每股收益		
（一）基本每股收益		
（二）稀释每股收益		

第一步，以营业收入为基础，减去营业成本、营业税金及附加、销售费用、管理费用、财务费用、资产减值损失，加上公允价值变动收益（减去公允价值变动损失）和投资收益（减去投资损失），计算出营业利润。

第二步，以营业利润为基础，加上营业外收入，减去营业外支出，计算出利润总额。

第三步，以利润总额为基础，减去所得税费用，计算出净利润（或亏损）。

2．利润表的编制方法

（1）"本期金额"栏的填列

"本期金额"栏根据"主营业务收入""主营业务成本""营业税金及附加""销售费用""管理费用""财务费用""资产减值损失""公允价值变动损益""投资收益""营业外收入""营业外支出""所得税费用"等科目的发生额分析填列。其中，"营业利润""利润总额""净利润"等项目根据该表中相关项目计算填列。

（2）"上期金额"栏的填列

"上期金额"栏应根据上年该期利润表"本期金额"栏内所列数字填列。如果上年度利润表的项目名称和金额与本年度利润表不相一致，应对上年度利润表项目的名称和金额按本年度的规定进行调整，填入报表的"上期金额"栏。

13.3 现金流量表

现金流量表是反映企业在一定会计期间现金和现金等价物流入和流出的报表。现金等价物，是指企业持有的期限短、流动性强、易于转换为已知金额现金、价值变动风险很小的投资。通过现金流量表可以为报表使用者提供企业一定会计期间内现金和现金等价物流入和流出的信息,便于使用者了解和评价企业获取现金和现金等价物的能力,据以预测企业未来现金流量。

1. 现金流量表的格式

现金流量表的格式,如表 13-3 所示。

2. 现金流量表的主要填列内容

企业现金流量分为经营活动产生的现金流量、投资活动产生的现金流量和筹资活动产生的现金流量。

(1)经营活动产生的现金流量

经营活动,是指企业投资活动和筹资活动以外的所有交易和事项。经营活动产生的现金流量主要包括销售商品或提供劳务、购买商品、接受劳务、支付工资和交纳税款等流入和流出的现金和现金等价物。

(2)投资活动产生的现金流量

投资活动,是指企业长期资产的购建和不包括在现金等价物范围的投资及其处置活动。投资活动产生的现金流量主要包括构建固定资产、处置子公司及其他营业单位等流入和流出的现金和现金等价物。

(3)筹资活动产生的现金流量

筹资活动,是指导致企业资本及债务规模和构成发生变化的活动。筹资活动产生的现金流量主要包括吸收投资、发行股票、分配利润、发行债券、偿还债务等流入和流出的现金和现金等价物。

3. 现金流量表的编制方法

我国企业应当采用直接法编制现金流量表。直线法是指通过现金收入和现金支出的主要类别列示经营活动的现金流量。采用直接法编制的现金流量表,便于分析企业经营活动产生的现金流量的来源和用途,预测企业现金流量的未来前景。现金流量表的一般填列步骤如下。

(1)将资产负债表的期初数和期末数过入工作底稿的期初数栏和期末数栏。

(2)对当期业务进行分析并对有关项目进行调整。

① 对利润表中的收入、成本和费用项目进行调整,将权责发生制下的收入、成本和费用转换为现金基础。

② 将资产负债表中的投资、筹资项目,分析列入现金流量表的投资和筹资活动的现金流量中去。

③ 将利润表中有关投资和筹资方面的收入和费用,列入现金流量表的投资和筹资的现金流量中去。

表 13-3 现金流量表的格式

现金流量表

会企 03 表

编制单位：　　　　　　　　　　　　　　　　　　　　　　　　　　　　单位：元

项　　目	金额	补 充 资 料	金额
一、经营活动产生的现金流量		**1. 将净利润调节为经营活动现金流量**	
销售商品、提供劳务收到的现金		净利润	
收到的税费返还		加：计提的资产减值准备	
收到的其他与经营活动有关的现金		固定资产折旧	
现金流入小计		无形资产摊销	
购买商品、接受劳务支付的现金		长期待摊费用摊销	
支付给职工以及为职工支付的现金		处置固定资产、无形资产和其他长期资产的损失（减：收益）	
支付的各项税费		固定资产报废损失	
支付的其他与经营活动有关的现金		公允价值变动损失（收益以"－"号填列）	
现金流出小计		财务费用	
经营活动产生的现金流量净额		投资损失（减：收益）	
二、投资活动产生的现金流量		递延所得税资产减少（增加以"－"号填列）	
收回投资所收到的现金		递延所得税负债增加（减少以"－"号填列）	
取得投资收益所收到的现金		存货的减少（减：增加）	
处置固定资产、无形资产和其他长期资产所收回的现金净额		经营性应收项目的减少（减：增加）	
收到的其他与投资活动有关的现金		经营性应付项目的增加（减：减少）	
现金流入小计		其他	
购建固定资产、无形资产和其他长期资产所支付的现金		**经营活动产生的现金流量净额**	
投资所支付的现金			
支付的其他与投资活动有关的现金			
现金流出小计			
投资活动产生的现金流量净额		**2. 不涉及现金收支的投资和筹资活动**	
三、筹资活动产生的现金流量		债务转为资本	
吸收投资所收到的现金		一年内到期的可转换公司债券	
借款所收到的现金		融资租入固定资产	
收到的其他与筹资活动有关的现金			
现金流入小计			
偿还债务所支付的现金			
分配股利、利润或偿付利息所支付的现金		**3. 现金及现金等价物净增加情况**	
支付的其他与筹资活动有关的现金		现金的期末余额	
现金流出小计		减：现金的期初余额	
筹资活动产生的现金流量净额		加：现金等价物的期末余额	
四、汇率变动对现金的影响		减：现金等价物的期初余额	
五、现金及现金等价物净增加额		**现金及现金等价物净增加额**	

课后思考题

1. 资产负债表的编制方法是什么？
2. 利润表的编制方法是什么？
3. 现金流量表的编制方法是什么？

参 考 文 献

[1] 陈国辉,迟旭升. 基础会计[M]. 4 版. 大连:东北财经大学出版社,2015.

[2] 郭涛. 会计学原理[M]. 北京:机械工业出版社,2014.

[3] 财政部会计资格评价中心. 初级会计实务[M]. 北京:中国财政经济出版社,2014.

[4] 东奥会计在线,初级会计实务[M]. 北京:经济科学出版社,2015.

[5] 会计从业资格考试教材编委会. 会计基础[M]. 北京:中国财政经济出版社,2014.

[6] 刘仲文,池国华,张文贤,等. 会计基础[M]. 北京:人民邮电出版社,2015.

[7] 中华会计网校. 会计基础[M]. 北京:人民出版社,2014.

[8] 张志凤,刘忠. 初级会计实务[M]. 北京:北京大学出版社,2015.

[9] 东奥会计在线,会计基础[M]. 北京:北京大学出版社,2015.

[10] 中华人民共和国财政部. 企业会计准则[M]. 北京:立信会计出版社,2015.